山西省资产收益扶贫试点
山西省农民合作社规范化建设 培训教材

农民合作社会计实务

NONGMIN HEZUOSHE KUAIJI SHIWU

山西省农业厅
山西省资产收益扶贫领导小组办公室 组编

中国农业出版社

编 委 会

主　任：吴志宏
副主任：马向荣　王新锁　梁建文　任义琴
　　　　李贵甫　敖　军　周　敏　李秀川
　　　　蔡献君
主　编：王建峰

<<< **序**

　　农民合作社是深化农村改革、实现农业现代化历史进程中的新生事物，是广大农民群众在实行家庭承包经营之后的一项制度创新，对于稳定和完善农村基本经营制度、推进社会主义新农村建设，具有重大意义。实践证明，农民合作社作为新型农业经营主体，对巩固和发挥农村家庭承包经营基础作用、加快发展农户间的合作经营、发展适度规模的现代种养业和建立农业社会化服务体系具有不可替代的作用。

　　农民合作社经历了先发展再规范、边发展边规范和以规范创新促发展的阶段。规范农民合作社的一个重要方面就是要规范财务管理。规范财务管理就是要建立健全财务管理制度，严格收支手续，使各项经济活动按照国家法规政策、规章制度有序进行；科学设置财务岗位，保障合作社财产安全完整、使用高效；严格执行《农民专业合作社会计制度（试行）》的规定，准确核算各项收支业务，降低生产成本，提高经济效益；用好成员个人账户，全面反映成员权益以及与合作社的交易事项，奠定合理分配的基础；保障成员收益分配权，实现共同富裕，同时要使合作社的积累不断增长，提升合作社的服务能力；落实民主管理，提高成员的主人翁意识和共同经营、共同管理、共同发展的积极性。

　　中共中央、国务院《关于打赢脱贫攻坚战的决定》提出了精准扶贫、精准脱贫的基本方略，明确了农民合作社在扶贫攻坚中的重要作用。山西省政府办公厅《关于开展资产收益扶贫试点的意见》和山西省脱贫攻坚领导小组《关于开展财政资金资产收益扶贫试点的实施意见》对农民合作社承担资产收益扶贫试点任务提出了具体要求，明确财政专项扶持资金和支农资金可以直接投入到承担扶贫攻坚任务的农民合作社，以投资收益的方式增加贫困户收益。农民合作社要根据自身特点和贫困户的具体情况，采取多种形式实现与贫困户的合作对接；要通过创新组织形式、运行机制、支持方式等，强化与贫困户的利益联结机制，增加贫困户投资收益；要准确核算财政专项扶贫资金和财政支农资金投资给合作社的资金和量化到贫困户的情况，准确核算不同方式投资应当支付给贫困户的投资收益，准确核算脱贫户持有资金与贫困户的结转，准确核算扶贫攻坚任务完成后相关资金的结转与处置。贫困户可以通过以土地、资金、资产等方式入股加入农民合作社，提高组织化程度，实施适度规模经营，提升自我发展能力，实现脱贫致富。

各级农经部门要依据《中华人民共和国农民专业合作社法》赋予的职责，强化对农民合作社的指导、服务。要指导农民合作社建立财务管理机构和财务管理制度，实行民主管理；要搞好农民合作社财会人员的培训，切实提高合作社财会人员的业务素质和政策水平，确保按照会计制度要求搞好会计核算，促进合作社逐步实现财务管理制度化、信息化、规范化。

关建勋

2017 年 4 月

<<<< 目　录

序

第一章　会计方法 ··· 1

　第一节　会计科目 ··· 1

　第二节　借贷记账法 ·· 23

　第三节　会计凭证和会计账簿 ··································· 34

　第四节　记账规则 ·· 63

　第五节　资产清查 ·· 74

　第六节　会计交接与会计档案 ··································· 82

第二章　资产的核算 ··· 89

　第一节　货币资金的核算 ·· 89

　第二节　应收及预付款项的核算 ······························· 99

　第三节　存货的核算 ·· 104

　第四节　对外投资的核算 ··· 126

　第五节　农业资产的核算 ··· 135

　第六节　固定资产的核算 ··· 149

　第七节　无形资产与其他资产的核算 ······················ 171

第三章　负债和所有者权益的核算 ··································· 177

　第一节　负债的核算 ·· 177

　第二节　所有者权益的核算 ······································ 194

第四章　成本、收入、支出和盈余的核算 ……………………… 208

　第一节　生产成本的核算 …………………………………… 208

　第二节　收入的核算 ………………………………………… 215

　第三节　费用的核算 ………………………………………… 223

　第四节　盈余及盈余分配的核算 …………………………… 230

第五章　农民合作社的合并、分立、解散、破产与

　　　　清算的核算 …………………………………………… 240

　第一节　农民合作社合并的账务处理 ……………………… 240

　第二节　农民合作社分立的账务处理 ……………………… 245

　第三节　农民合作社解散清算的账务处理 ………………… 248

　第四节　农民合作社破产清算的账务处理 ………………… 254

第六章　会计报表 ……………………………………………… 258

　第一节　会计报表概述 ……………………………………… 258

　第二节　资产负债表 ………………………………………… 259

　第三节　盈余及盈余分配表 ………………………………… 264

　第四节　成员权益变动表 …………………………………… 267

　第五节　科目余额表 ………………………………………… 270

　第六节　收支明细表 ………………………………………… 273

　第七节　会计报表分析 ……………………………………… 276

后记 ……………………………………………………………… 283

第一章 会计方法

第一节 会计科目

一、会计科目的概念、分类与设置原则

（一）会计科目的概念

会计科目是按经济性质的不同，对会计要素进行分类所确定的名称。会计对象按经济性质的不同，分为资产、负债、所有者权益、收入、费用和盈余六个会计要素。对于每一个会计要素，虽然都具有共同的特点，但其所包含的经济业务又各具特性，仅仅依靠会计要素依然无法对各项具体的经济业务进行全面核算。如资产都表现为合作社资金占用形态，但据其流动性又可分为不同的小类，如合作社占用的农机具、房屋、运输设备等劳动资料，都具有两个共同的特点：一是可以参加多个生产过程，并保持其实物形态基本不变，二是其价值随着参加每个生产过程逐步转移到产品价值中去，我们给这一类劳动资料起了个名称叫做"固定资产"，这就是一个会计科目。

（二）会计科目的分类

会计科目按照不同标准，可以分为不同的类别。如按照经济内容的不同，可以分为资产类、负债类、所有者权益类、成本类和损益类会计科目；按照经济内容范围的大小和详略程度的不同，可以分为总分类科目和明细分类科目。

（三）会计科目的设置

设置会计科目应当遵循以下原则：

1. 会计科目的设置应当全面地反映和监督会计对象。这就要求会计主体所设置的会计科目必须包括六大会计要素所包含的全部内容，做到全面、系统地反映资金运动的全过程，满足各方面对会计信息数据的需求。

2. 会计科目的设置应当满足经济管理的需要，而且要保证会计核算指标口径统一，以方便主管部门汇总、分析、使用。这就要求会计主体在设置会计科目时，不仅要结合本单位的实际情况，而且必须符合国家的有关规定、法令和会计制度。

3. 会计科目的设置必须简明实用。

二、会计科目编号

会计科目的编号是按照会计科目的分类和排列顺序确定的，一般采用三位数字编号的方法。第一位数字表示科目的大类，大类编号从"1"开始，共分五类，即：资产类科目为"1"，负债类科目为"2"，所有者权益类科目为"3"，成本类科目为"4"，损益类科目为"5"。第二位数字表示为大类下的小类，从"0"开始。首位数字为"1"的资产类科目可分为 10 个小类，10 个小类的排列顺序是：货币资金类科目为第"1"大类中的第"0"小类，即科目编号中第一位数字为"1"，第二位数字为"0"的会计科目都是资产类中的货币资金科目。第三位数字表示各小类下的具体科目序号，从"1"开始。如在第"1"大类中的"0"小类之下，又分为两个会计科目，库存现金科目为第"1"大类第"0"小类的第"1"个科目，其编号为"101"号，即资产类中货币资金类的第 1 个科目。不同类别的科目有着各自的排列顺序，一般资产类科目按资产的流动性大小排列，负债类科目按资金流动性大小排列，所有者权益类科目按永久性递减原则排列，损益类科目按比重大小、收入多少排列。

三、农民合作社的会计科目及其使用说明

（一）农民合作社的会计科目

《农民专业合作社会计制度（试行）》规定的总分类会计科目如表 1-1 所示。

表 1-1　农民合作社会计科目表

顺序号	科目编号	科目名称
		一、资产类
1	101	库存现金
2	102	银行存款
3	113	应收款
4	114	成员往来
5	121	产品物资
6	124	委托加工物资
7	125	委托代销商品
8	127	受托代购商品
9	128	受托代销商品
10	131	对外投资
11	141	牲畜（禽）资产
12	142	林木资产
13	151	固定资产
14	152	累计折旧
15	153	在建工程
16	154	固定资产清理
17	161	无形资产
		二、负债类
18	201	短期借款

（续）

顺序号	科目编号	科目名称
19	211	应付款
20	212	应付工资
21	221	应付盈余返还
22	222	应付剩余盈余
23	231	长期借款
24	235	专项应付款
		三、所有者权益
25	301	股金
26	311	专项基金
27	321	资本公积
28	322	盈余公积
29	331	本年盈余
30	332	盈余分配
		四、成本类
31	401	生产成本
		五、损益类
32	501	经营收入
33	502	其他收入
34	511	投资收益
35	521	经营支出
36	522	管理费用
37	529	其他支出

注：农民合作社在经营过程中涉及使用外埠存款、银行汇票存款、银行本票存款、信用卡存款、信用证保证金存款等各种其他货币资金的，可增设"其他货币资金"科目（科目编号109）；合作社在经营中大量使用包装物，需要单独对其核算的，可增设"包装物"科目（科目编号122）；合作社需要核算分年摊销费用的，可增设"长期待摊费用"科目（科目编号171）。

（二）农民合作社会计科目使用说明

1. 101 库存现金　本科目核算农民合作社的库存现金。合作社应当严格按照国家有关现金管理的规定收支现金，超过库存限额的现金应当及时送存银行，并严格核算现金的各项收支业务。收到现金时，借记本科目，贷记有关科目；支出现金时，借记有关科目，贷记本科目。合作社应当设置"现金日记账"，由出纳人员根据收付现金凭证，按照业务发生的时间顺序逐笔登记。每日终了，应当计算当日的现金收入合计数、现金支出合计数和账面余额，并将账面余额与实际库存数核对，做到账款相符。有外币现金的合作社，应当分别以人民币和各种外币设置"现金日记账"进行明细核算。本科目期末余额在借方，反映合作社实际持有的库存现金。

2. 102 银行存款　本科目核算农民合作社存入银行、信用社等金融机构的款项。合作社应当严格按照国家规定的支付结算办法，办理银行存款收支业务结算，并按照《农民专业合作社会计制度（试行）》的规定进行核算。合作社将款项存入金融机构时，借记本科目，贷记有关科目；提取和支出存款时，借记有关科目，贷记本科目。合作社应设置"银行存款日记账"，由出纳人员根据收付款凭证，按照业务发生的时间顺序逐笔登记。每日终了，应计算当日的银行存款收入合计数、支出合计数和账面余额。"银行存款日记账"应当定期与"银行对账单"核对。月度终了，合作社银行存款账面余额与银行对账单余额之间如有差额，应当逐笔查明原因，并按月编制"银行存款余额调节表"，确保账款相符。有外币存款的合作社，应分别以人民币和各种外币设置"银行存款日记账"进行明细核算。本科目期末余额在借方，反映合作社实际存入金融机构的款项。

3. 113 应收款　本科目核算农民合作社与非成员之间的应收及暂付款项，包括因销售产品物资、提供劳务应收取的款项以及应收的各种赔款、罚款、利息等。合作社发生应收及暂付款项时，借记本科目，贷记"经营收入"、"库存现金"等科目；收回款项时，借记"库存现金"等科目，贷记本科目。取得用暂付款购得的产品物资、劳务时，借记"产品物资"等科目，贷记本科目。对确实无法收回的应收及暂付款项，按规定程序批准核销时，借记"其他支出"科目，贷记本科目。本科目应当按应收及暂付款项的单位和个人名称设置明细科目，进行明细核算。本科目期末余额在借方，反映合作社尚未收回的应收及暂付款项。

4.114 成员往来 本科目核算农民合作社与本社成员之间的经济往来业务。合作社与本社成员之间发生应收款项和偿还应付款项时，借记本科目，贷记"库存现金"等科目；收回应收款项和发生应付款项时，借记"库存现金"等科目，贷记本科目。合作社为本社成员提供农业生产资料购买服务时，按实际支付或应付的款项，借记本科目，贷记"库存现金"、"应付款"等科目；按为本社成员提供生产资料购买而应收取的服务费，借记本科目，贷记"其他收入"等科目；收到成员给付的实际支付生产资料购买款项和服务费时，借记"库存现金"等科目，贷记本科目。合作社为本社成员提供农产品销售服务，收到成员交来的产品时，按合同或协议约定的价格，借记"受托代销商品"等科目，贷记本科目。本科目应当按合作社成员名称设置明细科目，进行明细核算。本科目所属各明细科目的期末贷方余额合计数反映合作社欠成员的款项总额，所属各明细科目的期末借方余额合计数反映成员欠合作社的款项总额。各明细科目年末借方余额合计数应在资产负债表"应收款项"中反映；年末贷方余额合计数应在资产负债表"应付款项"中反映。

5.121 产品物资 本科目核算农民合作社库存的各种产品和物资。合作社购入并已验收入库的产品物资，按实际支付或应支付的价款，借记本科目，贷记"库存现金"、"成员往来"、"应付款"等科目。合作社生产完工以及委托外单位加工完成并已验收入库的产品物资，按实际成本，借记本科目，贷记"生产成本"、

"委托加工物资"等科目。产品物资销售时,按实现的销售收入,借记"库存现金"、"银行存款"、"应收款"等科目,贷记"经营收入"科目;按销售产品物资实际成本,借记"经营支出"科目,贷记本科目。领用产品物资时,借记"生产成本"、"在建工程"等科目,贷记本科目。合作社的产品物资应当定期清查盘点。盘盈的产品物资,经审核批准后,借记本科目,贷记"其他收入"科目。盘亏和毁损产品物资,经审核批准后,按照责任人和保险公司赔偿的金额,借记"成员往来"、"应收款"等科目,按责任人或保险公司赔偿金额后的净损失,借记"其他支出"科目,按盘亏和毁损产品物资的账面价值,贷记本科目。本科目应按产品物资名称设置明细科目,进行明细核算。本科目期末余额在借方,反映合作社库存产品物资的实际成本。

6.124 委托加工物资 本科目核算农民合作社委托外单位加工的各种物资的实际成本。合作社发给外单位加工物资时,按委托加工物资的实际成本,借记本科目,贷记"产品物资"等科目。按合作社支付该项委托加工的全部费用,借记本科目,贷记"库存现金"等科目。合作社收回加工完成验收入库的物资时,按加工收回物资的实际成本和剩余物资的实际成本,借记"产品物资"等科目,贷记本科目。本科目应按加工物资和受托加工单位等设置明细科目,进行明细核算。本科目的期末余额在借方,反映合作社委托外单位加工但尚未加工完成物资的实际成本和发出加工物资的运杂费等。

7.125 委托代销商品 本科目核算农民合作社委托外单位销售的各种商品的实际成本。合作社发给外单位销售商品时,按委托代销商品的实际成本借记本科目,贷记"产品物资"等科目。合作社收到代销单位报来的代销清单时,按应收金额借记"应收款"科目,按应确认的收入贷记"经营收入"科目;按应支付的手续费等,借记"经营支出"科目,贷记"应收款"科目;同时,按代销商品的实际成本(或售价),借记

"经营支出"等科目，贷记本科目；收到代销款时，借记"银行存款"等科目，贷记"应收款"等科目。本科目应当按代销商品或代销单位等设置明细科目，进行明细核算。本科目的期末余额在借方，反映合作社委托外单位销售但尚未收回代销商品款的商品的实际成本。

8. 127 受托代购商品　本科目核算农民合作社接受委托代委托人采购商品的实际成本。合作社收到代购商品款时，借记"库存现金"等科目，贷记"成员往来"、"应付款"等科目。合作社受托采购商品时，按实际支付的价款，借记本科目，贷记"库存现金"、"应付款"等科目。合作社将受托代购商品交付给委托方时，按代购商品的实际成本，借记"成员往来"、"应付款"等科目，贷记本科目；如果受托代购商品收取手续费，按应收取的手续费，借记"成员往来"、"应收款"等科目，贷记"其他收入"科目。收到手续费时，借记"库存现金"等科目，贷记"成员往来"、"应收款"等科目。本科目应当按受托方设置明细科目，进行明细核算。本科目期末余额在借方，反映合作社受托采购尚未交付商品的实际成本。

9. 128 受托代销商品　本科目核算农民合作社接受委托代销商品的实际成本。合作社收到委托代销商品时，按合同或协议约定的价格，借记本科目，贷记"成员往来"、"应付款"等科目。合作社售出受托代销商品时，按实际收到的价款，借记"库存现金"、"应收款"等科目，按合同或协议约定的价格，贷记本科目，如果实际收到的价款大于合同或协议约定的价格，按其差额，贷记"其他收入"等科目；如果实际收到的价款小于合同或协议约定的价格，按其差额，借记"其他支出"等科目。合作社支付委托方代销商品款时，借记"成员往来"、"应付款"等科目，贷记"库存现金"等科目。本科目应当按委托代销方名称设置明细科目，进行明细核算。本科目期末余额在借方，反映合作社受托代销商品的实际成本。

10.131 对外投资 本科目核算农民合作社对外单位或个人的各种投资，包括股票投资、债券投资、基金投资和合作社兴办企业等投资。合作社以现金或实物资产（含农业资产）等方式进行对外投资时，按照实际支付的价款或合同、协议确定的价值，借记本科目，贷记"库存现金"等科目，合同或协议约定的实物资产价值与原账面价值之间的差额，借记或贷记"资本公积"科目。收回投资时，按实际收回的价款或价值，借记"库存现金"等科目，按投资的账面价值，贷记本科目，实际收回的价款或价值与账面价值的差额借记或贷记"投资收益"科目。被投资单位宣告分配现金股利或利润时，借记"应收款"等科目，贷记"投资收益"等科目；实际收到现金股利或利润时，借记"库存现金"、"银行存款"等科目，贷记"应收款"科目。投资发生损失时，按规定程序批准后，按照应当由责任人和保险公司赔偿的金额，借记"应收款"、"成员往来"等科目，按照扣除由责任人和保险公司赔偿金额后的净损失，借记"投资收益"科目，按照发生损失的账面余额，贷记本科目。本科目应当按对外投资的种类设置明细科目，进行明细核算。本科目期末余额在借方，反映合作社对外投资的实际成本。

11.141 牲畜（禽）资产 本科目核算农民合作社购入或繁育的牲畜（禽）的成本。牲畜（禽）资产分幼畜及育肥畜和产役畜两类。合作社购入幼畜及育肥畜时，按购买价及相关税费，借记"牲畜（禽）资产——幼畜及育肥畜"科目，贷记"库存现金"、"应付款"等科目；发生的饲养费用，借记"牲畜（禽）资产——幼畜及育肥畜"科目，贷记"应付工资"、"产品物资"等科目。合作社的幼畜成龄转作产役畜时，按实际成本，借记"牲畜（禽）资产——产役畜"，贷记"牲畜（禽）资产——幼畜及育肥畜"科目。合作社产役畜的饲养费用不再记入本科目，借记"经营支出"、"生产成本"科目，贷记"应付工资"、"产品物资"等科目。合作社产役畜的成本扣除预计残值后的部分应在其正常生产周期内，按照直线法分期摊销，借记"经营支出"、"生产成本"科目，贷记"牲畜（禽）资产——产役畜"。合作社对外销售幼畜及育肥畜和产役畜时，按照实现的销售收入，借记"库存现金"、"应收款"等科目，贷记"经营收入"科目；同时，按照销售牲畜的实际成本，借记"经营支出"科目，贷记"牲畜（禽）资产——幼畜及育肥畜"科目。合作社以幼畜及育肥畜或产役畜对外投资时，按照投资双方签订的合同或协议确定的价值，借记"长期投资"等科目，贷记"牲畜（禽）资产——幼畜及育肥畜"科目或"牲畜（禽）资产——产役畜"科目，合同或协议确定的价值与牲畜资产账面价值之间的差额借记或贷记"资本公积"科目。合作社发生牲畜死亡毁损时，按规定程序批准后，按照过失人及保险公司应赔偿的金额，借记"成员往来"、"应收款"科目，如发生净损失，则按照扣除过失人和保险公司应赔偿金额后的净损失，借记"其他支出"科目，按照牲畜资产的账面价值，贷记本科目；如产生净收益，则按照牲畜资产的账面价值，贷记本科目，同时按照过失人及保险公司应赔偿金额超过牲畜资产账面价值的金额，贷记"其他收入"科目。本科目应当设置"幼畜及育肥畜"和"产役畜"两个二级账户，按牲畜（禽）的种类设置三级明细科目，进行明细核算。本科目期末余额在借方，反映合作社幼畜及育肥畜和产役畜的账面余额。

12.142 林木资产 本科目核算农民合作社购入或营造林木的成本。林木资产分经济林木和非经济林木两类。合作社购入经济林木时，按购买价及相关税费，借记"林木资产——经济林木"科目，贷记"库存现金"、"应付款"等科目；购入或营造的经济林木投产前发生的培植费用，借记"林木资产——经济林木"科目，贷记"应付工资"、"产品物资"等科目。经济林木进入生产期后发生的管护费用，不再记入本科目，借记"经营支出"、"生产成本"科目，贷记"应付工资"、"产品物资"等科目。经济林木进入生产期后，其成本扣除预计残值后的部分应在其正常生产周期内，按照直线法摊销，借记"经营支出"、"生产成本"科目，贷记"林木资产——经济林木"科目。合作社购入非经济林木时，按购买价及相关税费，借记"林木资产——经济林木"科目，贷记"库存现金"、"应付款"等科目；购入或营造的非经济林木在郁闭前发生的培植费用，借记"林木资产——非经济林木"科目，贷记"应付工资"、"产品物资"等科目。非经济林木郁闭后发生的管护费用，不再记入本科目，借记"其他支出"科目，贷记"应付工资"、"产品物资"等科目。合作社的林木按规定程序批准采伐出售时，按照实现的销售收入，借记"库存现金"、"应收款"等科目，贷记"经营收入"科目；同时，按照出售林木的实际成本，借记"经营支出"科目，贷记"林木资产——非经济林木"科目。合作社以林木资产对外投资时，按照投资双方签订的合同或协议确定的价值，借记"长期投资"等科目，贷记本科目，合同或协议确定的价值与林木资产账面价值之间的差额借记或贷记"资本公积"科目。合作社林木资产发生死亡毁损时，按规定程序批准后，按照过失人及保险公司应赔偿的金额，借记"成员往来"、"应收款"科目，如发生净损失，则按照扣除过失人和保险公司应赔偿金额后的净损失，借记"其他支出"科目，按照林木资产的账面价值，贷记本科目；如产生净收益，则按照林木资产的账面价值，贷记本科目，同时按照过失人及保险公司应赔偿金额超过林木资产账面价值的金额，贷记"其他收入"科目。本科目应当设置"经济林木"和"非经济林木"两个二级账户，按林木的种类设置三级明细科目，进行明细核算。本科目的期末余额在借方，反映合作社购入或营造林木资产的账面余额。

13.151 固定资产 本科目核算农民合作社固定资产的原值。合作社的房屋、建筑物、机器、设备、工具、器具、农业基本建设设施等劳动资料，凡使用年限在一年以上、单位价值在 500 元以上的列为固定资产。合作社使用的一些单位价值虽然低于规定标准，但使用年限在一年以上的生产工具和设备，也可列为固定资产。合作社购入不需要安装的固定资产，按购买价加包装费、运杂费、保险费和相关税费等，借记本科目，贷记"银行存款"等科目。合作社购入需要安装的固定资产，先记入"在建工程"科目，安装完毕交付使用的固定资产，按照其实际成本，借记本科目，贷记"在建工程"科目。合作社建造完成交付使用的固定资产，按建造该固定资产的实际成本，借记本科目，贷记"在建工程"科目。投资者投入合作社的固定资产，按照投资各方确认的价值，借记本科目，按照经过批准的投资者应当拥有以合作社注册资本份额计算的资本金额，贷记"股金"科目，大于资本金额的部分按其差额贷记"资本公积"科目。合作社收到捐赠的固定资产，按照所附发票所列金额加上应支付的相关税费，借记本科目，贷记"专项基金"科目；如果捐赠方未提供有关凭据，则按同类或类似固定资产的市场价值，加上合作社支付的运杂费、保险费、安装调试费等作为固定资产成本，借记本科目，贷记"专项基金"科目。合作社盘盈的固定资产，按同类或类似固定资产的市场价值，减去按该项资产的新旧程度估计的价值损耗后的余额，借记本科目，贷记"其他收入"科目。合作社盘亏的固定资产按规定程序批准后，按照其账面净值，借记"其他支出"科目；按照已经计提的折旧额，借记"累计折旧"科目，按固定资产原值，贷记本科目。合作社出售固定资产或发生固定资产报废和毁损等时，按照固定资产的账面原值，借记"固定资产清理"科目，按照应由责任人或保险公司赔偿的金额，借记"应收款"、"成员往来"等科目，按照已经计提的折旧额，借记"累计折旧"科目，按照固定资产原值，贷记本科目。合作社固定资产对外投资时，按照投资各方确认的价值或者合同、协议约定的价值，借记"长期投资"等科目，按照已经计提的折旧额，借记"累计折旧"科目，按照固定资产原值，贷记本科目，投资各方确认或协议价与固定资产账面净值之间的差额，借记或贷记"资本公积"科目。合作社捐赠转出固定资产时，按照固定资产净值，贷记"固定资产清理"科目；应支付的相关税费通过"固定资产清理"科目进行汇集，捐赠项目完成后，按"固定资产清理"科目的余额，借记"其他支出"科目，贷记"固定资产清理"科目。合作社应当按照固定资产类别、使用部门和每项固定资产设置"固定资产明细账"，进行明细核算。本科目期末余额在借方，反映合作社期末固定资产的账面原值。

14.152 累计折旧 本科目核算农民合作社拥有的固定资产计提的累计折旧。合作社计提生产经营用的固定资产折旧时，借记"生产成本"、"经营支出"科目，贷记本科目；计提管理用的固定资产折旧时，借记"管理费用"科目，贷记本科目；计提其他用途的固定资产折旧时，借记"其他支出"科目，贷记本科目。合作社计提固定资产折旧的方法可在平均年限法、工作量法中任选一种，但一经确定，不得随意变更。如需变更，应将变更的内容及原因在变更当期会计报表附注中加以说明。合作社一般应按月提取折旧，当月增加的固定资产，当月不提折旧，从下月起计提折旧；当月减少的固定资产，当月照提折旧，从下月起不计提折旧。合作社使用的季节性生产用固定资产，应当在使用期间内提足当年折旧。固定资产提足折旧后，不论是否继续使用，都不再提取折旧；提前报废的固定资产，不再补提折旧。本科目只进行总分类核算，不进行明细分类核算。本科目期末余额在贷方，反映合作社已经提取的固定资产折旧累计数。

15.153 在建工程 本科目核算农民合作社进行工程建设、设备安装、建设农业基本建设等发生的实际支出。合作社购入不需要安装的固定资产时，不通过本科目核算。合作社购入需要安装的固定资产时，按其原价加上运输、保险、采购、安装等费用，借记本科目，贷记"库存现金"、"应付款"等科目。合作社建造固定资产和兴建农业基本建设设施购买专用物资以及工程费用，按实际支出，借记本科目，贷记"库存现金"、"应付款"、

"产品物资"等科目。合作社发包的工程建设项目，根据合同规定向承包企业预付工程款时，按实际预付的价款，借记本科目，贷记"银行存款"等科目；以拨付材料抵作工程款的，应当按双方约定的价格，借记"在建工程"等，贷记"产品物资"等科目；将需要安装的设备交付承包企业进行安装时，应按该设备的成本借记本科目，贷记"产品物资"等科目；与承包企业办理工程价款结算时，补付的工程款，借记本科目，贷记"银行存款"、"应付款"等科目。合作社自营的工程，领用物资或产品时，应按领用物资或产品的实际成本，借记本科目，贷记"产品物资"等科目。工程应负担的人工费用，借记本科目，贷记"应付工资"、"成员往来"等科目。购建和安装工程完成并交付使用时，借记"固定资产"科目，贷记本科目。工程完成未形成固定资产时，借记"其他支出"等科目，贷记本科目。本科目应当按工程项目设置明细科目，进行明细核算。本科目期末余额在借方，反映合作社尚未交付使用的工程项目的实际支出。

16.154 固定资产清理 本科目核算农民合作社因出售、捐赠、报废和毁损等原因转入清理的固定资产净值及其在清理过程中所发生的清理费用和变价收入。合作社出售、捐赠、报废和毁损的固定资产转入清理时，按固定资产账面净值借记本科目，按已经计提的折旧额借记"累计折旧"科目，按固定资产原值贷记"固定资产"科目。在清理过程中发生的费用，借记本科目，贷记"库存现金"等科目；收回出售固定资产的价款、残料价值和变价收入等，借记"库存现金"、"产品物资"等科目，贷记本科目；应由保险公司或过失人赔偿的损失，借记"应收款"、"成员往来"等科目，贷记本科目。清理完毕后发生的净收益，借记本科目，贷记"其他收入"科目；清理完毕后发生的净损失，借记"其他支出"科目，贷记本科目。本科目应按被清理的固定资产设置明细科目，进行明细核算。本科目期末余额如果在借方，反映合作社转入清理但尚未清理完毕固定资产的净值，加上固定资产清理过程中所发生的清理费用大于变价收入的金额；如果在贷方，反映合作社转入清理但尚未清理完毕的固定资产的净值，加上固定资产清理过程中所发生的清理费用小于变价收入的金额。

17. 161 无形资产　本科目核算农民合作社持有的专利权、商标权、非专利技术等各种无形资产的价值。合作社的无形资产应当按取得时的实际成本计价登记入账。合作社购入的无形资产，按实际支付的价款，借记本科目，贷记"库存现金"、"银行存款"等科目。合作社自行开发并按法律程序申请取得的无形资产，按依法取得时发生的注册费、律师费等实际支出，借记本科目，贷记"库存现金"、"银行存款"等科目。合作社接受捐赠获得的无形资产，按照所附发票所列金额加上应支付的相关税费、无所附单据的按经过批准的价格，借记本科目，贷记"专项基金"、"库存现金"等科目。投资者投入合作社的无形资产，按照投资各方确认的价值，借记本科目，按经过批准的投资者所拥有的合作社资本金额，贷记"股金"科目，按确认的价值高于股金的金额，贷记"资本公积"科目。合作社的无形资产按照直线法分期平均摊销，摊销期限按合同规定受益年限和法律规定的年限两者之中的较短者执行，如均无规定，摊销年限不能超过 10 年。合作社摊销无形资产时，借记"管理费用"、"其他支出"等科目，贷记本科目。合作社出租无形资产所取得的租金收入，借记"库存现金"等科目，贷记"其他收入"科目；结转出租无形资产的成本时，借记"其他支出"科目，贷记本科目。合作社出售无形资产时，按实际取得的转让价款借记"银行存款"等科目，按照无形资产的账面余额贷记本科目，按应支付的相关税费贷记"银行存款"等科目，按其差额贷记"其他收入"或借记"其他支出"科目。本科目应当按照无形资产的类别设置明细科目，进行明细核算。本科目期末余额在借方，反映合作社所拥有无形资产的摊余价值。

18. 201 短期借款　本科目核算农民合作社从银行等其他金融机构以及外单位或个人借入的期限在 1 年以内（含 1 年）的各种借款。合作社借入各种短期借款时，借记"库存现金"、"银行存款"科目，贷记本科目。合作社发生的短期借款利息支出，直接计入当期损益，借记"其他支出"科目，贷记"库存现金"、"银行存款"等科目。归还短期借款时，借记本科目，贷记"库存现金"、"银行存款"科目。本科目应当按照借款单位或个人名称设置明细科目，进行明细核算。本科目期末余额在贷方，反映合作社尚未归还的短期借款本金。

19. 211 应付款　本科目核算农民合作社与非本社成员之间发生的各种应付以及暂收款项，包括因购买产品物资和接受劳务、服务等应付的款项以及应付的赔款、利息等。合作社发生以上应付及暂收款项时，借记"库存现金"、"产品物资"等科目，贷记"应付款"科目。合作社偿还应付及暂收款项时，借记本科目，贷记"库存现金"等科目。合作社发生确实无法支付的应付款时，按规定程序审批后，借记本科目，贷记"其他收入"科目。本科目应当按照发生应付及暂收款项的非成员单位和个人名称设置明细科目，进行明细核算。本科目期末余额在贷方，反映合作社应付但尚未付给非成员的应付及暂收款项。

20. 212 应付工资　本科目核算农民合作社应支付给管理人员及固定员工的报酬，包括在工资总额内的各种工资、奖金、津贴、补助等，不论是否在当月支付，都应当通过本科目核算。合作社应当按照劳动工资制度的规定，编制"工资表"，计算各种工资。再由合作社财务会计部门将"工资表"进行汇总，编制"工资汇总表"。提取工资时，根据人员岗位进行工资分配，借记"生产成本"、"管理费用"、"在建工程"等科目，贷记本科目。实际支付工资时，借记本科目，贷记"库存现金"等科目。合作社应当设置"应付工资明细账"，按照管理人员和固定员工的姓名、类别以及应付工资的组成内容进行明细核算。本科目期末一般应无余额，如有贷方余额，则反映合作社已提取但尚未支付的工资额。

21. 221 应付盈余返还 本科目核算农民合作社按成员与本社交易量（额）比例返还给成员的盈余。农民合作社按交易量（额）比例返还给成员的盈余，不得低于可分配盈余的百分之六十。合作社根据章程制定的盈余分配方案，按成员与本社交易量（额）返还盈余时，借记"盈余分配"科目，贷记本科目。实际支付时，借记本科目，贷记"库存现金"、"银行存款"等科目。本科目应当按照成员名称设置明细科目，进行明细核算。本科目期末余额在贷方，反映合作社尚未支付给成员的盈余返还。

22. 222 应付剩余盈余 本科目核算农民合作社以成员账户中记载的出资额和公积金份额，以及本社接受国家财政直接补助和他人捐赠形成的财产平均量化到成员的份额，按比例分配给本社成员的剩余可分配盈余。合作社按交易量（额）返还盈余后，根据章程规定或者成员大会决定分配剩余盈余时，借记"盈余分配"科目，贷记本科目。实际支付时，借记本科目，贷记"库存现金"、"银行存款"等科目。本科目应当按照成员名称设置明细科目，进行明细核算。本科目期末余额在贷方，反映合作社尚未支付给成员的剩余盈余。

23. 231 长期借款 本科目核算农民合作社从银行等其他金融机构和外单位或个人借入的期限在1年以内（不含1年）的各种借款。合作社借入长期借款时，借记"库存现金"、"银行存款"科目，贷记本科目。长期借款利息应当按期计提，合作社计提长期借款利息时，借记"其他支出"科目，贷记"应付款"科目。合作社偿还长期借款时，借记本科目，贷记"库存现金"、"银行存款"科目。支付长期借款利息时，借记"应付款"科目，贷记"库存现金"、"银行存款"科目。本科目应当按照借款单位或个人名称设置明细科目，进行明细核算。本科目期末余额在贷方，反映合作社尚未偿还的长期借款本金。

24. 235 专项应付款 本科目核算农民合作社接受国家财政直接补助的资金。合作社收到国家财政补助的资金时，借记"银行存款"等科目，贷记本科目。合作社按照国家财政补助资金的项目用途，取得固定资产、农业资产、无形资产等资产时，按实际支出，借记"固定资产"、"牲畜（禽）资产"、"林木资产"、"无形资产"等科目，贷记"库存现金"、"银行存款"等科目，同时借记本科目，贷记"专项基金"科目；用于开展信息、培训、农产品质量标准与认证、农业生产基础设施建设、市场营销和技术推广等项目支出时，借记本科目，贷记"库存现金"、"银行存款"等科目。本科目应当按照国家财政补助资金项目设置明细科目，进行明细核算。本科目期末余额在贷方，反映合作社尚未使用和结转的国家财政补助资金数额。

25. 301 股金 本科目核算农民合作社实际收到的成员入社股金。合作社收到成员以货币资金投入的股金，按实际收到的金额，借记"库存现金"、"银行存款"科目，按成员应享有合作社注册资本的份额计算的金额，贷记本科目，按投资高于资本份额的金额，贷记"资本公积"科目。合作社收到成员投资入股的非货币资产，按投资各方确认的价值，借记"产品物资"、"固定资产"、"无形资产"等科目，贷记本科目，按成员应享有合作社注册资本的份额计算的金额，贷记本科目，按各方确认价值高于资本份额的金额，贷记"资本公积"科目。合作社按照法定程序减少注册资本或成员退股时，借记本科目，贷记"库存现金"、"银行存款"、"固定资产"、"产品物资"等科目，并在有关明细账及备查登记簿中详细记录股金发生的变动情况。成员按规定转让出资的，应在成员账户和有关明细账及备查登记簿中记录转让情况。本科目应当按照成员名称设置明细科目，进行明细核算。本科目期末余额在贷方，反映合作社实有的股金数额。

26. 311 专项基金 本科目核算农民合作社通过国家财政直

接补助转入和他人捐赠形成的专项基金。合作社使用国家财政直接补助资金取得固定资产、农业资产和无形资产等时，按实际使用国家财政直接补助资金的数额，借记"专项应付款"科目，贷记本科目。合作社实际收到他人捐赠的货币资金时，借记"库存现金"、"银行存款"科目，贷记本科目。合作社收到他人捐赠的非货币资产时，按照所附发票记载金额加上应支付的相关税费，借记"固定资产"、"产品物资"等科目，贷记本科目；无发票的，按照经过批准的评估价值，借记"固定资产"、"产品物资"等科目，贷记本科目。本科目应当按照专项基金的来源设置明细科目，进行明细核算。本科目期末余额在贷方，反映合作社实有的专项基金数额。

27.321 资本公积 本科目核算农民合作社取得的资本公积。成员入社投入货币资金和实物资产时，按实际收到的金额和投资各方确认的价值，借记"库存现金"、"银行存款"、"固定资产"、"产品物资"等科目，按其应享有合作社注册资本的份额计算的金额，贷记"股金"科目，按各方确认价值高于资本份额的金额，贷记本科目。合作社以实物资产方式进行长期投资时，按照投资各方确认的价值，借记"对外投资"等科目，按投出实物资产的账面价值，贷记"固定资产"、"产品物资"等科目，按实物资产的账面净值与投资各方确认的价值的差额，贷记或借记本科目。合作社用资本公积转增股金时，借记本科目，贷记"股金"科目。本科目应当按照资本公积的来源设置明细科目，进行明细核算。本科目期末余额在贷方，反映合作社实有的资本公积数额。

28.322 盈余公积 本科目核算农民合作社从盈余中提取的盈余公积。合作社从当年盈余中提取公积金时，借记"盈余分配"科目，贷记本科目。合作社用盈余公积转增股金或弥补亏损等时，借记本科目，贷记"股金"、"盈余分配"等科目。本科目应当按照盈余公积的用途设置明细科目，进行明细核算。本科目期末余额在贷方，反映合作社盈余公积的数额。

29. 331 本年盈余 本科目核算农民合作社本年度实现的盈余。会计期末结转盈余时，应将"经营收入"、"其他收入"科目的余额转入本科目的贷方，借记"经营收入"、"其他收入"科目，贷记本科目；将"经营支出"、"管理费用"、"其他支出"科目的余额转入本科目的借方，借记本科目，贷记"经营支出"、"管理费用"、"其他支出"科目。结转"投资收益"科目的净收益时，借记"投资收益"科目，贷记本科目；如果为投资净损失，则借记本科目，贷记"投资收益"科目。年度终了，应将本年收入和支出相抵后结出的本年实现的净盈余，转入"盈余分配"科目，借记本科目，贷记"盈余分配——未分配盈余"科目；如为净亏损，则作相反会计分录，结转后本科目应无余额。

30. 332 盈余分配 本科目核算农民合作社当年盈余的分配（或亏损的弥补）和历年分配后的结存余额。本科目设置"各项分配"和"未分配盈余"两个二级科目。合作社用盈余公积弥补亏损时，借记"盈余公积"科目，贷记本科目（未分配盈余）。合作社按规定提取公积金时，借记本科目（各项分配），贷记"盈余公积"科目。合作社按交易量（额）向成员返还盈余时，借记本科目（各项分配），贷记"应付盈余返还"科目。合作社按平均量化到成员的股金、专项基金和资本公积份额分配剩余盈余时，借记本科目（各项分配），贷记"应付剩余盈余"科目。年终，合作社应将全年实现的盈余总额，自"本年盈余"科目转入本科目，借记"本年盈余"科目，贷记本科目（未分配盈余），如为净损失，则作相反会计分录。同时，将本科目下的"各项分配"明细科目的余额转入本科目"未分配盈余"明细科目，借记本科目（未分配盈余），贷记本科目（各项分配）。年度终了，本科目的"各项分配"明细科目应无余额，"未分配盈余"明细科目的贷方余额表示未分配的盈余，借方余额表示未弥补的亏损。本科目应当按照收益的来源设置明细科目，进行明细核算。本科目贷方余额为合作社历年积存的未分配盈余，借方余额为未弥补亏损。

31. 401 生产成本　本科目核算农民合作社直接组织生产或提供劳务服务所发生的各项生产费用和劳务服务成本。合作社发生各项生产费用和劳务服务成本时，应当按照成本核算对象和成本项目分别归集，借记本科目，贷记"库存现金"、"银行存款"、"产品物资"、"应付工资"、"成员往来"、"应付款"等科目。合作社已经生产完成并验收入库的产成品，按实际成本，借记"产品物资"科目，贷记本科目。合作社提供劳务服务实现销售时，借记"经营支出"科目，贷记本科目。本科目应当按照生产费用和劳务服务成本种类设置明细科目，进行明细核算。本科目期末余额在借方，反映合作社尚未加工完成的在产品的成本。

32. 501 经营收入　本科目核算农民合作社进行生产、销售、提供劳务服务等主营业务活动取得的收入。合作社实现经营收入时，应按实际收到或应收的价款，借记"库存现金"、"银行存款"、"应收款"、"成员往来"等科目，贷记本科目。本科目应当按照经营项目设置明细科目，进行明细核算。本科目期末余额在贷方，反映合作社已实现的经营收入累计数额；年终，应将本科目贷方余额转入"本年盈余"科目的贷方，结转后本科目应无余额。

33. 502 其他收入　本科目核算农民合作社除经营收入以外的其他收入。合作社发生其他收入时，借记"库存现金"、"银行存款"等科目，贷记本科目。本科目应当按照其他收入的来源设置明细科目，进行明细核算。本科目期末余额在贷方，反映合作社已实现的其他收入累计数额；年终，应将本科目贷方余额转入"本年盈余"科目的贷方，结转后本科目应无余额。

34. 511 投资收益　本科目核算农民合作社对外投资取得的收益或发生的损失。合作社取得投资收益时，借记"库存现金"、"银行存款"等科目，贷记本科目；到期收回或转让时，按实际取得的价款，借记"库存现金"、"银行存款"及有关资产科目，按原账面价值，贷记"对外投资"科目，按实际取得价款和原账面价值的差额，借记或贷记本科目。本科目应当按照投资种类设置明细科目，进行明细核算。本科目期末可能是借方余额，也可能是贷方余额，借方余额反映合作社对外投资累计发生的亏损数额，贷方余额反映合作社对外投资累计实现的投资收益数额；年终，应将本科目贷方余额转入"本年盈余"科目的贷方，如为净损失，则转入"本年盈余"科目的借方，结转后本科目应无余额。

35.521 经营支出　本科目核算农民合作社进行生产、提供服务等经营活动发生的支出。合作社经营支出发生时，借记本科目，贷记"产品物资"、"生产成本"、"应付工资"、"成员往来"、"应付款"等科目。本科目应当按照经营项目设置明细科目，进行明细核算。本科目期末余额在借方，反映合作社累计发生的经营支出数额；年终，应将本科目借方余额转入"本年盈余"科目的借方，结转后本科目应无余额。

36.522 管理费用　本科目核算农民合作社为组织和管理生产经营活动以及提供劳务服务而发生的各项支出，包括合作社管理人员的工资、办公费、差旅费、管理用固定资产的折旧费、业务招待费、无形资产摊销等。合作社发生管理费用时，借记本科目，贷记"应付工资"、"库存现金"、"银行存款"、"累计折旧"、"无形资产"等科目。本科目应当按照管理费用的项目设置明细科目，进行明细核算。本科目的期末余额在借方，反映合作社累计发生的管理费用的数额；年终，应将本科目贷方余额转入"本年盈余"科目的贷方，结转后本科目应无余额。

37.529 其他支出　本科目核算农民合作社发生的除"经营支出"和"管理费用"以外的其他各项支出，如固定资产盘亏、处理固定资产净损失、罚款支出、利息支出、捐赠支出、非常损失等。合作社发生其他支出时，借记本科目，贷记"库存现金"、"银行存款"、"产品物资"、"应付工资"、"累计折旧"、"应付款"、"固定资产清理"等科目。本科目应当按照其他支出的用途设置明细科目，进行明细核算。本科目期末余额在借方，反映合作社累计发生的其他支出数额；年终，应将本科目借方余额转入"本年盈余"科目的借方，结转后本科目应无余额。

第二节　借贷记账法

一、借贷记账法的概念

借贷记账法是以"借"、"贷"为记账符号，以"有借必有贷，借贷必相等"为记账规则的一种复式记账方法。

二、借贷记账法的理论依据

任何一个会计主体的资金，都有不同的占用形态，形成了各种资产；这些资金是从各种不同的渠道取得的，形成了各种权益。资产和权益是资金在不断运动过程中所表现的两个不同侧面，它们之间的关系是相互依存、相互制约的，从数量上看，有多少资产，就有多少权益，它们的总额是恒等的，这就形成了会计等式的理论基础，用公式表示为：

$$资产＝负债＋所有者权益$$

这一平衡关系是农民合作社资金运动的必然规律，任何经济业务的发生，都不会影响这种平衡关系的存在。农民合作社在生产经营过程中发生的经济业务所引起的资金增减变化，包括四种类型。一是资产和权益同时等额增加；二是资产和权益同时等额减少；三是资产内部等额一增一减；四是权益内部等额一增一减。发生第一、二种类型的经济业务，资金的增减变化是在等式的两边同加一个数字或同减一个数字，资金总额虽有变动，但等式保持平衡；发生第三、四种类型的经济业务，资金的增减变化只是在等式的一边加、减同一数额，资金总额不变，当然也不影响双方的平衡。

三、借贷记账法的记账符号和账户结构

借贷记账法对所使用的账户可以分为资产、负债和经营过程及其成果三类。经营过程及其成果中的费用、成本账户，如"生产成本"、"经营支出"、"管理费用"、"其他支出"，这部分账户实际上是反映农民合作社资金运用形态的转化，它和资产类账户的性质基本相同；收入、成果类账户，如"经营收入"、"投资收益"、"其他收入"，这部分账户实际上是反映形成转化过程中的权益的，所以它和负债及权益账户的性质基本相同。

借贷记账法是以"借"、"贷"为记账符号，反映资金运动增减变化，确定在账户中的记账方向的。账户的基本结构分为借方和贷方，借方在左边，贷方在右边。这里的"借"、"贷"两字已失去其原本含义，只是作为增加或减少的代用语，但账户的借方和贷方，哪一方登记增加、哪一方登记减少，要根据账户的性质来确定。资产类账户的借方表示增加，贷方表示减少，余额在借方；权益类账户的贷方表示增加，借方表示减少，余额在贷方；资产和权益双重性质的账户，"借"表示资产的增加和权益的减少，"贷"表示资产的减少和权益的增加，余额在借方即为资产类账户，余额在贷方即为权益类账户。各类账户的基本结构和余额计算方法可分别表示为表1-2、表1-3和表1-4所示。

表1-2 资产及成本、费用账户结构表

借方	资产及成本、费用账户	贷方
期初余额		
本期增加额	本期减少额	
本期发生额合计	本期发生额合计	
期末余额		

期末余额（借方）＝期初余额＋本期借方发生额合计－本期贷方发生额合计

表 1-3　权益及收入、成果账户结构表

借方	权益及收入、成果账户	贷方
	期初余额	
本期减少额	本期增加额	
本期发生额合计	本期发生额合计	
	期末余额	

期末余额＝期初余额＋本期贷方发生额合计－本期借方发生额合计

表 1-4　资产和权益双重性质账户结构表

借方	双重性质账户	贷方
期初余额（或贷方）	期初余额（或借方）	
资产增加数	权益增加数	
权益减少数	资产减少数	
本期发生额合计	本期发生额合计	
期末余额	期末余额	

　　双重性质账户的期末余额要根据所属各明细账户的借方余额或贷方余额分别汇总得出。

　　根据上述分析，借贷记账法的借方、贷方所登记的内容可归纳为表 1-5 所示。

表 1-5　借贷记账法账户的借贷双方登记内容汇总表

借　方	贷　方
资产的增加	资产的减少
负债的减少	负债的增加
所有者权益的减少	所有者权益的增加
收入的减少	收入的增加
成本费用的增加	成本费用的减少

四、会计分录与记账规则

　　为了保证账户登记准确无误，每项经济业务发生后，首先要依据反映经济业务的原始凭证编制会计分录。会计分录是指明每一项经济业务应当登记的账户名称、记账方向及金额的书面说明。会计分录的编制方法举例说明如下：

【例 1-2-1】 某农民合作社在农业银行取得两年期贷款100 000元，转存备用。

这项经济业务的发生，引起银行存款增加100 000 元；资金的来源渠道是银行贷款，引起合作社长期负债的增加。因此，这项业务引起资产和负债同时增加，使合作社在生产经营活动中可使用的资金总额增加了100 000 元。这笔业务涉及两个账户，即资产类账户"银行存款"和负债类账户"长期借款"。资产类账户增加记借方，权益和负债类账户增加记贷方，所以其分录为：

借：银行存款　100 000

　　贷：长期借款——农业银行　100 000

在账户中的登记情况如图1-1所示。

借方	长期借款	贷方		借方	银行存款	贷方
		期初余额××			期初余额××	
		①100 000			①100 000	

图 1-1　资产和权益类账户同增业务

这项业务是在"长期借款"和"银行存款"两个账户中相互联系地反映的，账户之间的这种联系，叫做账户的对应关系。有着对应关系的账户，彼此称为对应账户。每一个会计分录都必须保持清晰、正确的账户对应关系。通过账户的对应关系，不仅可以了解资金运动的来龙去脉，还可以发现账务处理是否合理。

【例 1-2-2】 某农民合作社用银行存款20 000元，归还欠某公司的化肥款。

这项经济业务的发生，引起农民合作社的银行存款和应付款同时减少20 000元，具体表现为资产和负债同时减少，使合作社在生产经营活动中可使用的资金总额减少了20 000元。为了全面反映这项业务引起的资金变化情况，就必须在资产类账户"银行存款"和负债类账户"应付款"中同时记入 20 000 元。资产类账户减少记贷方，负债类账户减少记借方。所以其分录为：

借：应付款——某公司　20 000
　贷：银行存款　20 000

在账户中的登记情况如图 1-2 所示。

借方	银行存款	贷方	借方	应付款	贷方
期初余额：××					期初余额：××
	②20 000			②20 000	

图 1-2　资产和权益账户同减业务

【例 1-2-3】　某农民合作社用银行存款 10 000 元购买化肥 5 000 千克，入库备用。

这项经济业务的发生，引起农民合作社的银行存款减少 10 000 元，库存化肥增加 5 000 千克，计价 10 000 元。具体表现为资金运用形态的转化——由货币资金形态转化为储备资金形态，但合作社生产经营活动可使用的资金总额不变。化肥和银行存款的变化分别在资产类账户中的"银行存款"和"产品物资"账户中核算。要全面反映这项业务引起的资金增减变化，就必须同时记入"产品物资"账户的借方和"银行存款"账户的贷方，所以其分录为：

借：产品物资——化肥　10 000
　贷：银行存款　10 000

在账户中的具体登记情况如图 1-3 所示。

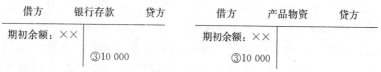

借方	银行存款	贷方	借方	产品物资	贷方
期初余额：××			期初余额：××		
	③10 000			③10 000	

图 1-3　资产类账户有增有减业务

【例 1-2-4】 某农民合作社年终将未偿还的张某的短期借款 30 000 元，转为长期借款。

这项经济业务的发生，引起农民合作社的短期借款减少 30 000 元，长期借款增加 30 000 元，但合作社生产经营活动可使用的资金总额不变。具体表现为负债形态的转变，因此，这项业务属于权益内部的结构变化。短期借款和长期借款分别在负债账户中的"短期借款"和"长期借款"账户中核算。要全面反映这项业务引起的资金变化情况，就应当同时记入"短期借款"账户的借方和"长期借款"账户的贷方，所以其分录为：

借：短期借款——张某　30 000

贷：长期借款——张某　30 000

在账户中的登记情况如图 1-4 所示。

借方	长期借款	贷方	借方	短期借款	贷方
	期初余额：××			期初余额：××	
		④30 000		④30 000	

图 1-4　负债类账户有增有减业务

以上四项业务，代表了农民合作社资金的增、减和内部循环与周转时量的变化的四种类型。合作社在生产经营活动中的经济业务虽然复杂，但将其归纳分类以后，不外乎这样四种类型：①资金投入合作社，引起资产和权益同时增加；②资金退出合作社，引起资产和权益同时减少；③合作社资产内部变化，引起一种资产的增加和另一种资产的等额减少；④合作社权益内部变化，引起一种权益的增加和另一种权益的等额减少。从对这四类典型的业务所编制的会计分录中，可以分析出借贷记账法记账的规律性，即：每项经济业务发生后，要按其涉及的经济内容，记入一个账户的借方，同时要以相同的金额记入另一个账户的贷方，对此我们称之为记账规则。借贷记账法的记账规则可表述为：

"有借必有贷、借贷必相等"。

以上四种类型的经济业务所引起的资产和权益的变化及其记账规则，可表示为图 1-5 所示。

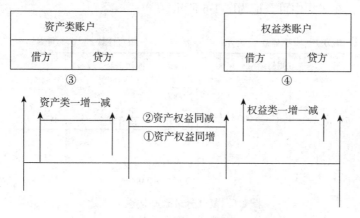

图 1-5 资金运动及记账规则示意图

以上四个会计分录都是一个账户对应另一个账户，即一一对应，这种对应关系的会计分录，称之为简单会计分录。但在实际经济活动中，经常会发生一些经济业务涉及数个会计账户的情况。为了简化核算手续，对此可以在保持账户对应关系清晰、正确的前提下，编制一个账户与几个账户或几个账户与一个账户相对应的复合会计分录。一般情况下不应编制几个账户与几个账户对应的会计分录。

【例 1-2-5】农民合作社收到某企业一笔捐款，收到银行存款 20 000 元，现金 5 000 元。

这项经济业务的发生，引起农民合作社的银行存款增加 20 000 元，现金增加 5 000 元，收到的捐款增加 25 000 元，同时涉及资产类的"银行存款"、"库存现金"两个账户、权益类"专项基金"一个账户。按照"有借必有贷、借贷必相等"的记账规则，可编制复合分录为：

借：银行存款　20 000

借：库存现金　5 000

　贷：专项基金——捐款　25 000

在账户中可登记为图 1-6 所示。

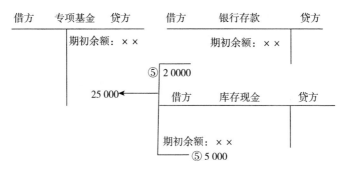

图 1-6　复合分录账户业务登记

五、借贷记账法的平衡关系

借贷记账法以资产总额等于负债与所有者权益总额之和为理论依据，以"有借必有贷、借贷必相等"为记账规则的。这样，就必然使每笔经济业务的借方发生额等于贷方发生额，而且在一定时期终了，必然使全部账户的借方发生额合计等于全部账户的贷方发生额合计，全部账户的借方余额合计等于全部账户的贷方余额合计。用公式可表示为：

每笔经济业务的借方发生额合计＝每笔经济业务的贷方发生额合计

全部账户的借方发生额合计＝全部账户的贷方发生额合计

全部账户的借方余额合计＝全部账户的贷方余额合计

第一个平衡公式用来检查记账凭证的编制是否平衡正确，第二、三个平衡公式用来检查一定时期内账户的发生额和余额是否平衡，记账是否正确。在具体工作中，发生额和余额平衡的检查验证，一般应当通过编制总分类账户本期发生额试算平衡表和总分类账户期末余额试算平衡表或将两表合并后的总分类账户本期发生额及余额试算平衡表进行。

现假设某农民合作社 2017 年 2 月 28 日各账户的余额如表1-6 所示，并将上述例 1-2-1 至例 1-2-5 的经济业务的会计分录登记入账，得出各账户的发生额和余额如图 1-7 所示，然后根据账户记录，编制总账账户发生额及余额试算平衡表如表1-7 所示。

表1-6 ××合作社账户余额表

2017 年 2 月 28 日

账户名称	借方余额	贷方余额
库存现金	600	
银行存款	110 000	
成员往来	20 000	10 000
固定资产	200 000	
累计折旧		20 000
短期借款		40 000
应付款		30 000
长期借款		50 000
股金		150 600
资本公积		20 000
盈余公积		10 000
合计	330 600	33 0600

借方 库存现金 贷方	借方 银行存款 贷方
期初余额：600 ⑤5 000	期初余额：110 000 ①100 000　②20 000 ⑤20 000　③10 000
本期发生额合计　本期发生额合计 5 000 期末余额：5 600	本期发生额合计　本期发生额合计 120 000　　30 000 期末余额：200 000

借方	产品物资	贷方
期初余额：		
③10 000		
本期发生额合计 10 000	本期发生额合计	
期末余额：10 000		

借方	短期借款	贷方
	期初余额：40 000	
④30 000		
本期发生额合计	本期发生额合计 30 000	
	期末余额：10 000	

借方	应付款	贷方
	期初余额：30 000	
②20 000		
本期发生额合计 20 000	本期发生额合计	
	期末余额：10 000	

借方	长期借款	贷方
	期初余额：50 000	
	①100 000	
	④30 000	
本期发生额合计	本期发生额合计 130 000	
	期末余额：180 000	

借方	专项基金	贷方
	期初余额：	
	⑤25 000	
本期发生额合计	本期发生额合计 25 000	
	期末余额：25 000	

借方	成员往来	贷方
期初余额：20 000	期初余额：10 000	

借方	固定资产	贷方
期初余额：200 000		

借方	累计折旧	贷方
	期初余额：20 000	

借方	股金	贷方
	期初余额：160 600	

借方	资本公积	贷方
	期初余额：20 000	

借方	盈余公积	贷方
	期初余额：10 000	

图 1-7　总账各账户的丁字账

表 1-7 总账账户发生额及余额试算平衡表

2017 年 2 月 28 日

账户名称	期初余额		本期发生额		期末余额	
	借方	贷方	借方	贷方	借方	贷方
库存现金	600		5 000		5 600	
银行存款	110 000		120 000	30 000	200 000	
成员往来	20 000	10 000			20 000	10 000
产品物资			10 000		10 000	
固定资产	200 000				200 000	
累计折旧		20 000				20 000
短期借款		40 000	30 000			10 000
应付款		30 000	20 000			10 000
长期借款		50 000		130 000		180 000
股金		150 600				150 600
资本公积		20 000				20 000
盈余公积		10 000				10 000
专项基金				25 000		25 000
合计	330 600	330 600	185 000	185 000	435 600	435 600

试算平衡表只是利用账户中借方金额与贷方金额数量上的平衡关系来验证账务处理有无差错，如果不平衡，说明在账务处理过程中肯定有误差。但应当注意，即使试算借贷双方是相等的，也不能据此肯定本期的账务处理就准确无误。有些误差不影响借贷双方的平衡，如在编制凭证时，漏编或重编了某笔经济业务，或者是在记账时漏记或重记了某一张记账凭证，或者是记账时出现了"串户"现象等。因此，期末除进行试算平衡外，还必须对具体的经济项目进行核对。

第三节 会计凭证和会计账簿

一、会计凭证

（一）会计凭证的种类

会计凭证是记录经济业务、明确经济责任的书面证明，是登记账簿的依据。农民合作社每发生一笔经济业务，都必须办理凭证手续，如财产物资的进、出、转移，货币资金的收入、付出等，都必须由执行和完成这笔经济业务的有关人员和会计人员按规定填制和取得会计凭证，用以说明经济业务的类别、内容和数量、金额等，作为有关人员或单位执行和完成这项经济业务的证明，经有关人员审核无误后，作为会计人员登记账簿的依据。

会计凭证，按其用途和填制程序，可以分为原始凭证和记账凭证两种。原始凭证和记账凭证按不同的分类标准，还可以分为若干种。具体分类如图 1-8 所示。

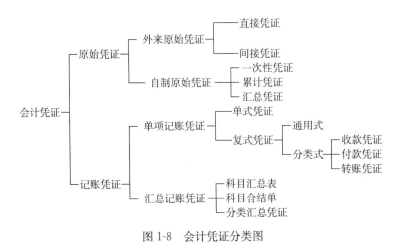

图 1-8 会计凭证分类图

1. 原始凭证 原始凭证是在经济业务发生时取得或填制的

明确经济责任，并具有法律效力的书面证明，是记录经济业务、进行会计核算的原始资料和重要依据。凡是不能证明经济业务已经发生或完成的凭证，如定购单、派工单等，都不能作会计凭证，不能作为记账的依据。原始凭证按来源渠道的不同，可分为外来原始凭证和自制原始凭证两种。

外来原始凭证是指经济业务发生或完成时，从农民合作社外部直接取得，用以办理经济业务手续的原始凭证，如供货单位的销售发票、银行系统转来的各种结算凭证、出差人员取得的车票和住宿票以及其他单位或个人开具的收据等。外来原始凭证按其与经济业务关系的不同，可分为直接凭证和间接凭证两种。前者指由经济业务涉及的单位或个人直接开出的原始凭证。后者指由经济业务中的其他有关单位开出的间接证明经济业务的一种原始凭证。

自制原始凭证是在经济业务发生或完成时，由本单位内部经办业务的部门和有关人员，自行填制的一种原始凭证。如保管人员在验收材料或产品入库时填制的入库单、领用材料或出售产品时填制的出库单等。自制原始凭证按其反映经济业务的填制方法的不同，可分为一次性原始凭证、累计原始凭证和汇总原始凭证三种：一次性原始凭证是指对所发生的经济业务，每次或每笔只填制一份凭证。在日常经济活动中，绝大多数是用一次性凭证。如入库单、出库单、收据等。累计原始凭证是指将一定时期内连续发生的同一类经济业务累计起来填写在一起的凭证。采用这种凭证，既可简化手续、减少凭证张数，又可以随时进行累计，便于检查计划、定额的执行情况。如限额领料单等。汇总原始凭证是指将证明同一项经济业务的多张原始凭证进行汇总，作为会计核算依据的一种原始凭证，如"差旅费报销单"等。

2. 记账凭证 记账凭证是由会计人员根据原始凭证反映的经济业务性质加以归类，确定会计分录，据以登记账簿的一种会计凭证。农民合作社在经济活动中，取得的原始凭证种类繁多、格式不一，不能直接反映出资金运动的方向，没有将其所记载的经济业务按照会计核算的要求进行归类，不能直接在原始凭证上标记会计分录，也不能作为记账的依据。因此，为了便于记账，保证会计核算的质量，就要设置记账凭证。在审核无误的基础上，由会计人员将原始凭证所反映的经济业务按照会计核算的要求进行整理、归类，确定应记科目的名称、方向和金额。记账凭证根据其编制的程序和用途的不同，可分为单项记账凭证和汇总记账凭证两种。单项记账凭证简称为记账凭证。它是根据原始凭证逐一编制的记账凭证。单项记账凭证按其反映经济业务范围的大小，可分为单式记账凭证和复式记账凭证。单式记账凭证是指在一张凭证上只反映一个会计科目的经济业务的凭证；复式记账凭证是指在一张凭证上同时反映同笔经济业务资金运动来龙去脉的两个方面，即同时记录两个或两个以上会计科目的凭证。复式记账凭证按其格式的不同，又可分为通用式记账凭证和分类式记账凭证两种。通用式记账凭证是不分经济业务的类型，统一使用一种格式的凭证；分类式记账凭证是根据所发生的经济业务的类别不同，分别使用不同的记账凭证。由于原始凭证所反映的经济业务，包括货币资金的收、付业务，以及不涉及货币资金增减变化的转账业务三种类型。因此，按经济业务的这种分类方法，分类式记账凭证也可相应地划分为收款凭证、付款凭证和转账凭证三种。收款凭证专门用于现金和银行存款收入的业务，付款凭证专门用于登记现金和银行存款支出的业务，转账凭证专门用于登记现金和银行存款收付业务以外的转账业务。

（二）会计凭证的填制

1. 原始凭证的填制　填制原始凭证应当以经济业务发生或完成时的实际情况为依据。农民合作社业务虽然多种多样，反映这些业务的原始凭证种类繁多，但不管是哪一种原始凭证都应当具备一定的基本内容，包括：原始凭证的名称、填制的日期、填制单位或个人的名称、填制人和经办人的签名或盖章、接受凭证单位的名称、所记录经济业务的内容、数量、单价和金额等。填制原始凭证应当符合以下要求：

(1) 原始凭证应具备的内容必须填写完整，文字和数字必须填写清楚，不弄虚作假，不涂改、挖补，而且易于辨认；原始凭证应当在经济业务发生时填制，内容要反映经济业务的真实情况；做到不积压、不误时、不事后补制，尤其是时间要按填制原始凭证的实际日期填写，名称要写全，不能简化，品名和用途明确，有关人员的签章要齐全。

(2) 原始凭证反映经济业务的总金额必须大写，不许涂改。原始凭证中填写的大写和小写金额必须相等一致。反映购买实物的原始凭证，必须有验收证明，保证账实相符，避免物资流失；反映支付款项的原始凭证，必须有收款者的收款证明。

(3) 原始凭证发生填写错误，应当由开出单位重新填制或画线更正，不允许在凭证上涂改、刮擦、挖补。画线更正时，原始凭证的开出单位应在更正处加盖单位公章。重要的原始凭证填写错误时，应当作废重新填制。

(4) 使用事先印有编号的原始凭证，如收据、银行支票等，发生填制错误作废时，不得撕毁，应当加盖"作废"戳记，按编号顺序保存。在使用时要顺序填制，不得跳号。

(5) 农民合作社的收据，应当由会计人员统一填制，并严格执行领用和缴销制度。

(6) 农民合作社发生因公出差等借款事项时，采用二联借款单，一联为"借款单"，作为付款凭证，借出款项时作为编制记账凭证的依据，必须附在记账凭证之后；二联为"借据"，作为债权凭证由出纳人员保管，收回借款时，退还借款人，但不得退还会计保存的"借款单"，同时要另开收据，作为编制记账凭证的依据。

(7) 从外单位取得的原始凭证如有遗失，应当取得原开出单位的证明，并注明原凭证的编号、金额和内容等；如果确实无法取得证明，如车、船票等凭证遗失，应由当事人写出详细情况说明，经有关人员证明、批准后，才能代做原始凭证。

（8）发生销售退回事项时，除填制退货发票外，还必须有退货的验收证明；退款时，应以对方的收款收据和汇款银行的凭证为原始凭证，不能以退货发票代替收据。

（9）格式统一。对于国家和有关部门有统一规定的凭证，如发货票、车票、收款收据等，应当使用统一格式的凭证。没有统一规定的，要尽量避免同类型的经济业务，使用不同的会计凭证。

（10）写要工整、规范。填制原始凭证的字迹、内容要清晰、工整、规范。凡阿拉伯数字前写人民币符号"￥"或"y"的，数字后不再写"元"字，所有以元为单位的阿拉伯数字，一律填写到角、分，无角、分的，应在角、分位填写"00"或符号"——"；大写金额数字到元或角为止的，在"元"或"角"字后应写"整"或"正"字；大写金额数字前未印"人民币"字样的，应加填"人民币"字样，"人民币"三字和金额数字之间不得留有空间；阿拉伯数字中间有"0"时，大写金额数字时必须写"零"字，阿拉伯数字中间连续出现几个"0"时，大写金额数字时只写一个"零"字。

在实际工作中，为了减少记账凭证的数量，便于记账和简化核算手续，可将经济业务内容相同的原始凭证，按一定要求先行归类汇总，编制汇总原始凭证。原始凭证汇总表的编制时期可以定期或不定期进行，但最长不得超过一个月。原始凭证汇总表是编制记账凭证的依据，其所汇总的原始凭证可以附在汇总表的后面，如数量过多，则可单独保管。

2. 记账凭证的填制　记账凭证是依据原始凭证填制的，主要内容包括：凭证名称、填制凭证日期、凭证编号、经济业务内容、金额、所附原始凭证的张数、会计人员和记账人员的签名或盖章。填制记账凭证应当符合以下要求：

（1）填制记账凭证要连续编号，一般可以月、季、或年按时间顺序编号。对于一项经济业务需要填制两张以上记账凭证的，可以采用分类编号法编号。

（2）记账凭证应当附有原始凭证，并填明所附原始凭证的张数。如果一张原始凭证，涉及几张记账凭证，可将此原始凭证附在一张主要内容的记账凭证后面，并在涉及的其他记账凭证上注明附有原始凭证的那一张记账凭证的编号。如果一张原始凭证所列支的费用需要几个单位共同负担，则应根据其他单位应负担的金额，开给对方原始凭证分割单进行核算。结账和更正错账的记账凭证，可以不附原始凭证。

（3）填制记账凭证，应当对所反映的经济业务情况作简明扼要的说明。会计科目应当列明一级会计科目和明细科目，必要时还应当列示二级会计科目。

（4）编制记账凭证应当一事一编，不准异类合编，一般不能多项并笔。

（5）如果在填制记账凭证时发生错误，应当重新填制。已经登记入账的记账凭证，在发现填写错误时，可以用红字填写一张与原内容相同的记账凭证，在摘要栏中注明"注销某月某日某号凭证"字样予以冲销，同时再用蓝字编制一张正确的记账凭证，在摘要栏中注明"更正某月某日某号凭证"字样登记入账。如果会计科目没有误差，只是金额错误，则可以将正确金额与错误金额之间的差额，另编制一张调整的记账凭证，调增时用蓝字，调减时用红字，记账方向与原记账凭证一致。

（6）记账凭证填制完毕后，如果留有空行，应当自金额栏最后一笔金额数字下的空行处至合计数字以上的空行处画线注销。

（7）编制记账凭证应当保证借贷双方平衡。要根据《农民专业合作社会计制度（试行）》的统一规定和经济业务内容，正确使用会计科目和编制记账凭证，编制记账凭证时同一笔经济业务的借方和贷方金额必须相等，合计数字的计算必须准确。

（8）实行会计电算化的农民合作社，机制的记账凭证应当符合对记账凭证的一般要求，并认真审核，做到科目使用正确、数据计算无误。打印出来的机制记账凭证，要加盖编制人员、审核人员、记账人员、会计主管人员的印章或者签字，以明确责任。

（三）会计凭证的审核

会计人员和相关人员，应当就真实性、准确性对会计凭证进行审查核对。会计凭证的审核应从形式和实质两方面进行。对会计凭证形式上的审核，主要审核是否按有关规定和要求填制凭证。审核的内容主要包括：凭证格式规定的内容是否填写的完整，数字、金额的计算是否准确无误，书写的文字是否清晰易认，手续是否完备、应附的原始凭证是否齐全，内容是否相符，会计科目的使用是否正确，与对应科目的金额是否相等。对会计凭证实质上的审核，主要是审核会计凭证所反映的经济业务的合理性、合法性和真实性。对合理性的审核主要是检查是否按开支范围办事，是否遵循节约的原则，有无虚报冒领、贪污盗窃、伪造凭证等不合理、不合法行为；对合法性的审核主要是检查凭证所记录的经济业务是否符合国家的政策、法规、制度以及计划、预算、合同等有关规定，有无违反财经纪律等违法违纪行为；对真实性的审核主要是对记账凭证所反映的经济业务活动是否真实进行审查。

经过审核，准确无误的会计凭证应当及时登记入账。对在审核中发现的问题，应当按照有关规定，结合具体情况分别予以处理。对查出的存在技术性错误的会计凭证，如手续不完备、数字计算有误、内容填写不全、更正错账的方法不当等，应说明原因，指出问题所在，退还承办者补办手续、更正错误或重新填制。对发现的违法乱纪的行为，会计人员应当拒绝受理、拒绝报销、拒绝执行，并及时向有关负责人或有关部门报告，进一步查明原因，及时予以处理，维护农民合作社及其成员的合法权益。

（四）会计凭证的传递与保管

1. 会计凭证的传递　会计凭证的传递，是指从填制原始凭证或取得外来原始凭证起，到归档保管为止，按照规定的时间、程序在会计主体内部进行传递和处理的程序。正确的凭证传递，可以严格岗位责任制，督促经办人员及时完成经济业务，办理凭证手续，防止凭证积压，保证会计核算工作的顺利进行，发挥会计监督作用。会计凭证的传递程序，应根据会计主体的机构、人员分工情况、经济业务的特征和会计凭证所记录的经济业务的特点来制定。具体制定时既要保证会计凭证经过必要的环节进行审核和处理，而且要尽量避免会计凭证经过不必要的环节造成时间上的浪费。

2. 会计凭证的整理　每月结账完毕，会计人员应当将本期所有的会计凭证进行整理。一是要按照记账凭证的编号顺序，检查是否有缺号或重号现象；二是检查所附原始凭证张数与记账凭证的记录是否相符，内容是否齐全；三是将经常查用并需长期保存的协议、合同、契约等特殊原始凭证抽出另行保存，但应当在有关的记账凭证上予以注明。会计凭证不得散乱丢失。

3. 会计凭证的装订　对整理过程中发现的问题要及时处理，在所有会计凭证都完整无缺的情况下，应当按月顺序进行装订。装订的顺序是本月的"科目汇总表"在前，记账凭证按编号顺序先后排列，然后加上凭证封面装订成册。凭证封面的内容应当包括：单位名称、封面名称、各种凭证起讫号数和共计张数、时间、编号、装订人员的签名或盖章等内容。其格式如表 1-8 所示。

对于数量过多的原始凭证，可以单独装订保管，在单独保管的原始凭证封面上要注明记账凭证的日期、编号，同时要在记账凭证上注明"附件另订"和原始凭证的名称及编号等。

表1-8　凭证封面格式

背面	年第册	会计凭证封面		全年总编第　　册 本期共　　册 本册为第　　册
		单位名称　　　年　月　份		
		凭证名称	起讫号数	共计张数
		记账凭证	第　号至　号	共　张
		原始凭证		共　张
		会计：　　　　　　　　　装订：		

4. 会计凭证的保管　会计凭证是重要的经济档案和历史资料，应当加强保管。会计期间，装订后的会计凭证应由指定的会计人员保管，以备查用；年度终了，会计凭证仍由会计部门保管1年，1年后则应移交档案室保管，已离任会计不得再保管其任期内的会计凭证。会计凭证保管至规定期限以后，应按规定程序报经批准，才能销毁。

（五）农民合作社会计凭证的格式和使用说明

1. 自制原始凭证的格式和使用说明

（1）《山西省农村集体经济组织专用票据》《山西省农村集体经济组织专用票据》适用于农民合作社获得的财政补助资金等不需要纳税的经营收入、其他收入等收入事项，需要纳税的事项不得使用。合作社发生上述事项时，由会计人员填写。《山西省农村集体经济组织专用票据》一式三联。第一联（黄色）作为交款人收执，第二联（白色）作为会计编制记账凭证的附件，第三联（红色）作为收据存根。《山西省农村集体经济组织专用票据》的格式及填制方法如表1-9所示。

【例1-3-1】　某农民合作社1月20日收到县农委转来的财政专项款50 000元。

表1-9 山西省农村集体经济组织专用票据（手工票）

付款单位（人）：县农委　　2017年1月20日　　NO：0000000000

项 目 名 称	金　额								
	百	十	万	千	百	十	元	角	分
财政专项资金			5	0	0	0	0	0	0
金额合计（小写）			5	0	0	0	0	0	0
金额合计（大写）	×佰　×拾　伍万　零仟　零佰　零拾　零元　零角　零分								
备注			结算方式	银行存款					

收款单位（盖章）：×××　　复核人：×××　　收款人：×××

第一联　收据

（2）收款收据。收款收据适用于农民合作社记录发生货币资金收入。收款收据应当根据《山西省农村集体经济组织专用票据》填制。收到款项时，由会计人员填写。收款收据一式二联，第一联（红色）作为出纳员收款并登记"现金日记账"和"银行存款日记账"的依据，第二联（黑色）作为会计编制记账凭证的附件。收款收据的格式及填制方法如表1-10所示。

【例1-3-2】 例1-3-1中的农民合作社收到县农委转来的财政专项资金后，会计人员应当根据开具的《山西省农村集体经济组织专用票据》编制收款收据（表1-10）。

表1-10 收款凭证

借方账户：银行存款　　2017年1月20日　　第5号

兹由	县农委	
交来	财政专项资金	款
人民币（大写）伍万元整	¥50000.00	

收款单位（签章）　会计（签章）　出纳（签章）　交款人（签章）

（3）付款凭证。付款凭证适用于农民合作社记录发生的经济业务引起货币资金付出的业务。付款凭证应当由会计员根据库存现金和银行存款付出业务的原始凭证填写。付款凭证一式二联，第一联（黑色）作为出纳员支付款项并登记"现金日记账"和"银行存款日记账"的凭证，第二联（红色）作为会计人员编制记账凭证的附件。付款凭证的格式和填制方法如表1-11所示。

【例1-3-3】 某农民合作社1月21日以银行存款转付给赵四购买果树苗木款10 000元。

表1-11　付款凭证

贷方账户：银行存款　　　　2017年1月21日　　　　　第7号

付给　赵四	
购买果树苗木　　　　　　　款	
人民币（大写）壹万元整	￥10 000.00

付款人（签章）　　会计（签章）　　出纳（签章）

（4）入库单。入库单适用于农民合作社记录产品、物资、固定资产入库业务。入库单应当根据入库产品、物资及固定资产的有关原始凭证填制。合作社发生入库事项时，由会计员填写。入库单一式三联，第一联（红色）作为保管员验收入库并登记"产品物资明细账"或"固定资产明细账"的依据，第二联（绿色）作为送、交货单位或个人的收执，第三联（黑色）作为会计员编制记账凭证的附件。入库单的格式及填制方法如表1-12所示。

【例1-3-4】 某农民合作社1月22日购回化肥2 000千克，以银行存款转付价款4 000元。

表1-12 入库单

借方账户：产品物资

送货人：张成   2017年1月22日   第9号

品名	规格	单位	数量	单价	金额	说明
化肥		千克	2 000	2.00	4 000	

合计：金额（人民币）肆仟元整

会计（签章）   保管（签章）   送交货人（签章）

（5）出库单。出库单适用于农民合作社记录产品、物资、固定资产出库业务。出库单应当根据出库业务的原始凭证填制。合作社发生出库业务事项时，由会计员编制。出库单一式两联，第一联（黑色）作为保管员办理出库业务并登记"产品物资明细账"、"固定资产明细账"的依据，第二联（红色）作为会计员编制记账凭证的依据。出库单的格式及填制方法如表1-13所示。

【例1-3-5】 某农民合作社1月24日领用化肥1 000千克，计价2 000元。

表1-13 出库单

借方账户：生产成本

领货人：张三   2017年1月24日   第10号

品名	规格	单位	数量	单价	金额	说明
化肥		千克	1 000	2.00	2 000	

合计金额（人民币）贰仟元整

会计（签章）   保管（签章）   领用人（签章）

（6）差旅费报销单。差旅费报销单适用于农民合作社因公外出人员报销差旅费的原始凭证的汇总。差旅费报销单应当由外出人员回来后，自己根据出差时的原始凭证和有关规定填写。差旅费报销单只设一联（黑色），经批准后作为会计人员编制记账凭证的依据。差旅费报销单的格式及填制方法如表1-14所示。

【例1-3-6】 某农民合作社理事长张三参加主管部门组织的培训，回来后填报差旅费1 200元。

表1-14　差旅费报销单

附件：6张　　　　　　　　2017年1月25日　　　　　　　计价单位：元

费用项目	火车费	长途汽车费	桥船费	市内车费	住宿费	电话费	出差补助	其他费用	合计
张数	2	2			1		1×10	1	
金额	200	100			500		300	100	1200
人民币（大写）壹仟贰佰元整									
出差地点	太原		出差起讫时间	2017年1.20—1.22		出差事由		培训	
附注			领导签字	×××		出差人签章		张　三	

（7）借款单。借款单适用于农民合作社内部成员或所属单位临时性借款。合作社内部成员或所属单位临时性借款时，由借款者自己填写，填写时应当用双面复写。借款单一式二联，第一联为"借款单"（黑色），作为会计员编制付款凭证的依据，款项一经借出，会计员就要登记账簿；第二联为"借据"（黑色），此联是债权凭证，借款人凭此联到出纳处取款，款项借出后，应当由出纳保存，借款人还款时，此联应退还借款人。借款单的格式及填制方法如表1-15和表1-16所示。

【例1-3-7】 某农民专业合作社会计参加业务培训借款1 000元。

表 1-15 借款单

2017 年 1 月 1 日

借款单位	某合作社	借款人	×××
借款金额（大写）	人民币壹仟元整		￥1 000.00
借款事由	参加会计培训	领导审批	同意 领导人（签章） 2017 年 1 月 1 日

第一联 会计记账凭证附件 付款凭证

表 1-16 借 据

2017 年 1 月 1 日

借款单位	某合作社	借款人	×××
借款金额（大写）	人民币壹仟元整		￥1 000.00
借款事由	参加会计培训	领导审批	同意 领导人（签章） 2017 年 1 月 1 日

第二联 还款后退还借款人 债权凭证

（8）领款单。领款单适用于农民合作社支付人工费用等业务。领款单由领款人填写，经审批后，作为会计员编制付款凭证的依据。领款单只设一联（黑色）。领款单的格式及填制方法如表 1-17 所示。

【例 1-3-8】 某农民合作社 1 月 10 日以现金支付赵四人工费用 200 元。

表 1-17 领款单

领款人：赵四   2017 年 1 月 10 日

今领到 装卸费	
款	
人民币（大写）贰佰元整	￥200.00

审批人（签章）   出纳（签章）   领取人（签章）

2. 记账凭证的格式和使用说明

（1）记账凭证。记账凭证是根据原始凭证编制的登记明细账和总账的凭证。记账凭证只填制一联，由会计员编制。记账凭证的格式与填写方法如表 1-18 所示。

【例 1-3-9】 某农民合作社 1 月 10 日用现金 50 元，银行存款 800 元，购买账簿一套。

表 1-18　记账凭证

2017 年 1 月 10 日　　　　　　　　　　　　　　　　第 3 号

摘　要	总账账户	明细账户	借方金额	贷方金额	记账符号	
购买办公用品	管理费用	办公费	850			所凭附证原3始张
	库存现金			50		
	银行存款			800		

（2）科目汇总表。科目汇总表是根据记账凭证汇总编制的用以登记总账的凭证。到结账日期时，由会计员编制。科目汇总表只填制一联（黑色）。其编制程序为：一是将本期全部的记账凭证按各个科目的借贷双方分别加总；二是将各科目借贷双方加总的总额，分别填入科目汇总表中相同科目的借方和贷方栏；三是将科目汇总表中各科目的借方和贷方发生额分别加总起来，看双方总额是否相等平衡。如不平衡，应立即查找，直到平衡为止。二者的合计金额相等时表示加总正确，平衡后的科目汇总表即可作为登记总账的依据。科目汇总表的格式及填制方法如表 1-19 所示。

表 1-19　科目汇总表

附记账凭证 20 张　　　　　　　　　　　　　　　　2017 年 1 月

编号	科目名称	借方金额	贷方金额	过账
101	库存现金		2 400	
102	银行存款	50 000	14 000	

（续）

编号	科目名称	借方金额	贷方金额	过账
113	应收款			
114	成员往来	1 000		
121	产品物资	4 000	2 000	
124	委托加工物资			
125	委托代销商品			
127	受托代购商品			
128	受托代销商品			
131	对外投资			
141	牲畜（禽）资产			
142	林木资产	10 000		
151	固定资产			
152	累计折旧			
153	在建工程			
154	固定资产清理			
161	无形资产			
201	短期借款			
211	应付款			
212	应付工资			
221	应付盈余返还			
222	应付剩余盈余			
231	长期借款			
235	专项应付款		50 000	
301	股金			
311	专项基金			
321	资本公积			
322	盈余公积			

（续）

编号	科目名称	借方金额	贷方金额	过账
331	本年盈余			
332	盈余分配			
401	生产成本	2 000		
501	经营收入			
502	其他收入			
511	投资收益			
521	经营支出			
522	管理费用	1 200		
529	其他支出	200		
合　计		68 400	68 400	

会计（签章）　　　记账（签章）

二、会计账簿

（一）会计账簿的设置

会计账簿是集中、系统、全面地归纳、记录和积累会计资料的工具。可以按照不同的标准进行分类：按账簿的用途，可以分为序时账、分类账和备查登记簿；按账簿的外表形式，可以分为订本账、活页账和卡片账。农民合作社应当设置哪些种类的账簿、设置多少、采用什么格式，既不能完全强求高度统一，也不能各行其是。合作社账簿的设置要做到既能及时、全面、系统地反映经济活动情况，准确提供会计信息资料，又要简便适用，避免繁琐复杂。因此，农民合作社账簿的设置应当遵循以下三个原则：

第一，必须保证提供口径一致的能够满足本核算单位经营管理需要和有关单位进行客观控制的各项指标。为此，《农民专业合作社会计制度（试行）》作出统一规定的账簿，农民专业合作社必须遵照执行，不能随意改变，更不允许以表代账，搞无账会计。

第二，必须在遵守统一规定的前提下，从农民合作社的特点和经济规模的实际出发设置账簿、设计账簿结构，既不能贪多求全，又不能单纯追求简化。

第三，农民合作社的账簿设置必须坚持有利于看账、用账，要简便适用，反对复杂化、神秘化。

（二）会计账簿的基本内容

会计账簿因所登记的经济业务不同，其格式和内容也不相同。但一般地讲，不论哪一种账簿，都应当具备以下基本内容：

1. 账簿名称　不论是订本账，还是活页账，都要在它的封面上标出账簿名称。如总账、现金日记账、存款日记账、固定资产明细账等。

2. 账簿的使用说明　账簿的使用说明一般用"账簿经管情况表"反映，设在账簿的第一页。"账簿经管情况表"是用来登记账簿使用情况和交接情况的专页。其内容包括：使用单位名称，账簿名称，启用日期，账簿页数，单位负责人和会计的姓名，经管人员，移交人和移交日期，接管人和接管日期等项目。"账簿经管情况表"的格式如表 1-20 所示。

表 1-20　账簿经管情况表

单位名称						
账簿名称			启用日期			
账簿页数	自第　　　页至第　　　页　共计　　　页					
负责人			会　计			
经管人员交接记录						
姓　名	职　务	印　签	移交日期	接交日期		备　注

3. 账户目录 账户目录是用来登记本账簿开设的全部账户名称的，账户目录的填写应保证可以使人一目了然地看出本账簿所包括的全部账户和各账户所在位置，便于记账人员迅速找出所需账户。账户记录一般装订在"账簿经管情况表"之后、账页的前面。其格式如表1-21所示。

表 1-21 账户目录

总账账户	明细账户	页数	总账账户	明细账户	页数

4. 账页 账页是账簿的主体，账页的格式是多种多样的，但一般应当具备以下内容：账户名称、记账日期、记账凭证号数、经济业务的简要说明、本期发生额、期末余额等。

（三）总账与明细账的关系

总账与明细账都是按照会计科目开设账户、进行分类登记的账簿。总账和明细账虽然都是对同一资金的反映，但反映的详细程度不同。总账以总分类科目开设账户，总括反映会计主体资金运动的增减变化情况和结果。明细账按照明细科目开设账户，具体地反映某种资金的增减变化和结果。因此，总账是明细账的总括反映，明细账是总账的具体反映，总账提供整体综合资料，明细账反映具体详细资料。总账对明细账起着统驭和控制的作用，明细账对总账起着分解和补充的作用。农民合作社必须同时设置总账和明细账。

经济业务发生后，要用"平行登记法"登记账簿。所谓"平行登记法"，是指发生一项经济业务后，总账和明细账要分别依据会计凭证，独立地进行登记。"平行登记法"的要点为：

1. 双方登记　双方登记是指对同一笔经济业务，既要在总账中进行登记，又要在明细账中进行登记。也就是同一笔业务要登记总账和明细账两种账簿。

2. 方向一致　方向一致是指把同一笔经济业务分别记入总账和明细账时，记入总账的记账方向与记入明细账的记账方向是相同的。在借贷记账法下，要求总账如果记在借方，则明细账也记在借方；总账如果记在贷方，则明细账也记在贷方。

3. 金额相等　金额相等是指同一笔经济业务，按照相同的方向分别记入总账和明细账时，记入明细账的各个金额之和必须与记入总账的金额相等。

4. 依据相同　依据相同是指同一笔经济业务分别登记在总账和明细账上时，所依据的都是原始凭证。

(四) 农民合作社会计账簿的格式及使用说明

根据《农民专业合作社会计制度（试行）》的规定，农民合作社会计核算时应当结合本社实际情况设置账簿，一般情况下应当设置：现金日记账、存款日记账、总账、明细账、成员明细账、固定资产明细账和产品物资明细账，同时要设置相关的登记簿。

1. 现金日记账的格式及使用说明　现金日记账是由出纳员根据审核无误的由会计人员编制的现金收款凭证和现金付出凭证，按其编号顺序逐日逐笔登记的一种序时账。每日终了，必须计算出当日的账面余额，并将账面数与库存现金数相核对。如果核对时发现长、短款现象，当日又查不清原因时，出纳员应当随即出具证明，由会计作为待处理事项登记入账。对于核对时出现长、短款的处理方法是：长款不准溢库，短款不准空库，不准以长补短。月末现金日记账的余额应与总账中现金账户的余额核对相符。现金日记账的格式及使用方法如表1-22所示。

表 1-22　现金日记账

第 1 页

2017 年		凭证号数	摘要	对应账户	发生额		余额
月	日				借方	贷方	
			上年转来				600
1	2	3	买账簿一套	管理费用		300	300
1	5	6	支付利息	其他支出		200	100
1	10	11	提取现金	银行存款	10 000		10 100
1	15	27	支付管理人员工资	管理费用		9 500	600

2. 银行存款日记账的格式及使用说明　银行存款日记账是由出纳员根据审核无误的由会计人员编制的银行存款收款凭证和银行存款付款凭证，按其编号顺序地逐日逐笔登记的一种序时账。每日终了，必须计算出当日的银行存款日记账余额，并随时与开户行编制的对账单进行核对，对核对时发现的银行存款日记账与对账单数据不相符的事项，要立即查找原因并予以纠正。月末，银行存款日记账的余额应与总账中银行存款账户的余额核对相符。农民合作社不得用银行对账单或其他方法替代银行存款日记账。银行存款日记账的格式及使用方法如表 1-23 所示。

表 1-23　银行存款日记账

第 1 页

2017 年		凭证号数	摘要	对应账户	发生额		余额
月	日				借方	贷方	
			上年转来				150 000
1	10	16	提现金	现金		10 000	140 000
1	15	21	收财政专项款	应付专项资金	40 000		180 000
1	23	27	购电脑两台	固定资产		15 000	165 000

（续）

2017 年		凭证 号数	摘　要	对应账户	发生额		余　额
月	日				借方	贷方	
			本月合计		40 000	25 000	165 000
2	1	1	出售产品	经营收入	30 000		195 000
2	10	15	购化肥	产品物资		10 000	185 000
2	15	20	还贷款	长期借款		30 000	155 000
2	20	31	收利息	其他收入	200		155 200
			本月合计		30 200	40 000	
			本月累计		70 200	65 000	155 200

3. 总账的格式及使用说明　　总账是按照总分类科目开设账户，由会计员根据科目汇总表登记的一种分类账。一般情况下总账一个月一次账，业务量大时也可半月或 10 天记一次。总账每次登记完毕后都应当结出期末余额，年末结出全年累计发生额和余额。总账的格式及使用方法如表 1-24 和表 1-25 所示。

表 1-24　总账（一般账户）

账户名称：库存现金　　　　　　　　　　　　　　第 1 页

2017 年		凭证 号数	摘　要	借方	贷方	借或贷	余额
月	日						
			上年转来			借	500
1	31	1	1 月份发生	13 000	13 200	借	300
2	29	2	2 月份发生	27 000	26 800	借	500

表 1-25 总账（往来类账户）

账户名称：成员往来 第6页

2017年		凭证号数	摘 要	借方	贷方	余额	
月	日					借方	贷方
			上年转来			20 000	12 000
1	31	1	1月份发生	30 000	20 000	32 000	14 000
2	29	2	2月份发生	40 000	45 000	42 000	29 000

4. 明细账的格式及使用说明 明细账是对某一总分类科目按其明细分类情况设置的一种账簿，用来分类登记某一类经济业务。明细账是总分类账的从属账户。明细账由会计员根据记账凭证及所附原始凭证登记。每期期末要结出本月发生额、本月累计发生额和余额。农民合作社应当根据本社的管理需要和不同会计科目核算的具体内容设置明细账。一般明细账的格式及使用方法如表 1-26 所示。

表 1-26 明细账

账户名称：生产成本——苹果 第17页

2017年		凭证号数	摘要	借方	贷方	借或贷	余额
月	日						
			上年转来			借	13 000
2	11	9	追施化肥	5 000		借	18 000
2	23	27	春浇电费	3 500		借	21 500

5. 成员明细账的格式及使用说明 成员明细账是数量金额式明细账，除用货币量度外，还应当用实物量度。成员明细账是农民合作社开设的合作社与成员之间经济交往情况的专用账户。成员明细账主要登记合作社成员入社的出资情况，公积金量化到成员的份额，财政补助资金及合作社接受捐赠资金量化到成员的份额，合作社与成员之间的交易情况，合作社返还给成员的盈余和剩余盈余返还情况。成员明细账由会计人员根据记账凭证和所附原始凭证登记。其格式如表 1-27 所示。

表 1-27 成员明细账

成员姓名： 　　　　联系地址： 　　　　　　　第 　 页

编号	年		摘要	成员出资	公积金份额	形成财产的财政补助资金量化份额	捐赠财产量化份额	交易量		交易额		盈余返还金额	剩余盈余返还金额	其他分配金额
	月	日						产品1	产品2	产品1	产品2			
1														
2														
年终合计														
			公积金总额：				盈余返还总额：							

成员明细账使用说明：

（1）成员入社时，若成员出资符合股金构成比例要求，则登记在"成员出资"栏内；若成员出资额高于股金构成比例的，股金构成比例之内的登记在"成员出资"栏内，超出部分则登记在"公积金份额"栏内；股金溢价和资本公积中成员个人出资之外的其余公积金金额的平均量化部分登记在"公积金份额"栏内。

（2）"形成财产的财政补助资金量化份额"栏和"捐赠财产量化份额"栏，按照各级财政补助资金中形成财产的部分平均量化到每个成员的份额和合作社接受捐赠的财产平均量化到每个成员（具有专门捐赠对象的部分除外）的份额登记，每年年底调整一次。

（3）"交易量"和"交易额"栏，按照成员与合作社之间的产品、生产资料等的实际交易量和金额登记。

（4）"盈余返还金额"和"剩余盈余返还金额"栏，按照成员在合作社盈余分配时，实际分配的盈余返还和剩余盈余返还金额登记。

（5）"其他分配金额"栏，按照合作社实际分配的其他资金登记。如资产收益扶贫中按贫困户股金份额固定分配的资金等。

（6）"公积金总额"为"成员出资"、"公积金份额"、"形成财产的财政补助资金量化份额"与"捐赠财产量化份额"之和。

（7）"盈余返还总额"为"盈余返还金额"与"剩余盈余返还金额"之和。

【例 1-3-10】某农业专业合作社 2015 年 6 月 30 日，共有成员 10 人，2007 年底时合作社所有者权益为：股金 200 000 元，资本公积 50 000 元，盈余公积 20 000 元，专项基金 250 000 元；其中成员张三的出资额为 20 000 元。年底时成员明细账以成员张三为例可登记为表 1-28 所示。

表 1-28　成员明细账

成员姓名：张三　　　　　　　　　联系地址：　　　　　　　　　第　　页

编号	2015 年		摘要	成员出资	公积金份额	形成财产的财政补助资金量化份额	捐赠财产量化份额	交易量		交易额		盈余返还金额	剩余盈余返还金额	其他分配金额
	月	日						产品1	产品2	产品1	产品2			
1	6	30	入社	20 000										
2	12	31			7 000	25 000								
年终合计				20 000	7 000	25 000								
				公积金总额：52 000				盈余返还总额：						

【例 1-3-11】　2016 年 6 月 30 日，赵四等 9 人加入例 1-3-10 中的合作社，每人出资 20 000 元，符合股金构成比例要求。2016 年 7 月 30 日，王五加入合作社，出资 30 000 元，享有合作社股金 20 000 元，余 10 000 元作为资本公积登记入账。2016 年 10 月 20 日合作社接受某企业捐赠的资产价值 100 000 元。2016 年底，合作社全年实现盈余 300 000 元，提取 10% 的盈余公积，剩余部分的 70% 按交易额返还给成员，30% 按公积金总额比例返还。

以张三和王五为例，以上业务发生后应做如下计算：

①成员张三的账户变动情况为：

捐赠财产量化份额增加：100 000/20＝5 000

资本公积减少：5 000－50 000/20＝2 500

盈余公积增加：30 000/20＝1 500

财政补贴量化份额减少：25 000－250 000/20＝12 500

2016年底成员张三公积金总额＝52 000＋5 000－2 500＋15 00－12 500＝43 500元

其余原入社成员同张三变动情况相同。

②成员王五的成员明细账可计算为：

出资额：20 000

资本公积：50 000/20＋10 000＝12 500

盈余公积：30 000/20＝1 500

专项基金：补助资金份额＋捐赠资金份额＝250 000/20＋100 000/20＝17 500

2016年底成员王五公积金总额＝20 000＋12 500＋1 500＋17 500＝51 500元

经计算2016年张三和王五盈余分配时分别分得盈余返还为：15 000元和10 000元，剩余盈余分别为：4 097元和4 850元。

则张三和王五的成员明细账分别可登记为表1-29和1-30所示。

表1-29　成员明细账

成员姓名：张三　　　　　　联系地址：　　　　　　　　　第　　页

编号	2016年		摘要	成员出资	公积金份额	形成财产的财政补助资金量化份额	捐赠财产量化份额	交易量		交易额		盈余返还金额	剩余盈余返还金额
	月	日						产品1	产品2	产品1	产品2		
1	1	1	上年转入	20 000	7 000	25 000							
3	12	31	年终调整		－1 000	－12 500	5 000						
年终合计				20 000	6 000	12 500	5 000					15 000	4 097
				公积金总额：43 500			盈余返还总额：19 097						

表 1-30 成员明细账

成员姓名：王五　　　　　　　联系地址：　　　　　　　　　第　页

编号	2016年 月	2016年 日	摘要	成员出资	公积金份额	形成财产的财政补助资金量化份额	捐赠财产量化份额	交易量 产品1	交易量 产品2	交易额 产品1	交易额 产品2	盈余返还金额	剩余盈余返还金额
1	7	30	出资	20 000									
2	7	30	出资		10 000								
3	12	31	年终调整		14 000	12 500	5 000						
年终合计				20 000	14 000	12 500	5 000					10 000	4 850
				公积金总额：51 500				盈余返还总额：14 850					

注：实际出资额 4 000 元。

6. 产品物资明细账的格式及使用说明　产品物资明细账是数量金额式明细账，除用货币量度外，还应当用实物量度。产品物资明细账是农民合作社开设的实物专用账，保管员和会计员同用此账。保管员应当根据会计员编制的出、入库单登记，会计员应当根据记账凭证及所附的原始凭证登记。农民合作社除产品物资要登记产品物资明细账外，委托加工物资、委托代销商品、受托代购商品和受托代销商品也应当在产品物资明细账中进行登记。产品物资明细账的格式及使用方法如表 1-31 所示。

表1-31 产品物资明细账

类别：畜用物资　　　　　规格：　　　　　　　　　第25页

品名：饲料　　　　　　　单位：千克　　　　　　存放地点：仓库

2017年		凭证号数	摘要	借方			贷方			结存		
月	日			数量	单价	金额	数量	单价	金额	数量	单价	金额
			上年转来							5 000	1.00	5 000
1	5	10	饲养用				2 000	1.00	2 000	3 000	1.00	3 000
1	15	28	饲养用				2 000	1.00	2 000	1 000	1.00	1 000
1	20	31	购饲料	10 000	1.10					11 000		12 000

7. 固定资产明细账的格式及使用说明　固定资产明细账是数量金额式的明细账，按照固定资产的名称开设账户，由会计员根据记账凭证和所附原始凭证登记。固定资产明细账设有原值、折旧和净值三方面内容。其格式和使用方法如表1-32所示。

表1-32 固定资产明细账

名称：电脑　　　　　　　规格：　　　　　　　　　计量单位：台

年折旧率：10%　　　　　年折旧额：　　　　　　　存放地点：

第一页

日期			凭证号数	摘要	原值						累计折旧			净值
					借方		贷方		余额					
年	月	日			数量	金额	数量	金额	数量	金额	借方	贷方	余额	
				上年转来					1	5 000			1 000	4 000
2017	2	10	5	购入	2	9 000			3	14 000			1 000	13 000

除上述账簿外，农民合作社还应当根据自身经营业务活动的特点和提高经营管理水平的的需要，建立有关登记簿，如有价证券登记簿、林木资产登记簿、牲畜（禽）资产登记簿和无形资产登记簿等，以强化对合作社重要经营业务和较重要资产的监督管理。

第四节　记账规则

一、登记账簿

登记账簿就是根据审核无误的记账凭证记账。为了保证会计核算的质量，在处理记账业务过程中，应当遵循以下原则：

1. 会计年度采用公历制，即自公历 1 月 1 日起至 12 月 31 日止为一个会计年度。

2. 在会计核算时，采用人民币为记账本位币，人民币元以下记到分，分以下要四舍五入。实物量度一般采用国家颁布的新的计量制（即公制）标准。

3. 农民合作社应当按照规定设置现金日记账、银行存款日记账、总账、明细分类账、成员明细账、固定资产明细账、产品物资明细账和相关登记簿。现金日记账和银行存款日记账应当采用订本账。

4. 启用新账（建账）时，要在封面写清账簿的名称，填好"账簿经管情况表"，并加盖合作社公章。启用订本账，应当预先顺序编号，不得跳页缺号。启用活页账时，平时应按账户编号，年终装订后应按实际所用账页统一顺序编号，并编好目录，标明每个账户的名称和页码。

5. 记账要及时规范，书写要工整清晰。

（1）登记账簿必须以审核无误的会计凭证为依据，并将会计凭证上的全部内容逐项登记入账。登记完毕后，应在会计凭证上标出符号"√"，表明登记账簿工作已经完成，防止漏记或重记。

（2）记账时，书写的文字和数字上面要适当留有空格，不应写满，一般应占格距的1/2。发生记账错误时，在留下的余空处进行更正，以便查账工作的进行。

（3）各类账簿都应当使用蓝色或黑色墨水填写，以保持账簿记录的清晰整洁，不易窜改。红色墨水只限于结账画线、改错和冲账时使用。记账时，不能使用铅笔或圆珠笔（复写账除外）。

（4）要按账簿格式规定的内容登记完整，账簿中的数字必须真实，文字必须简明扼要；不能积压账目、不能重记、漏记、少记、错记；账簿记录不准任意刮擦、挖补、涂抹或用褪色药水更改字迹，发生错误时，应当按规定的方法进行更正。

（5）各类账簿都应按照编定的页次顺序地逐页、逐行连续登记，不得隔页、跳行登记；如果发生漏页或跳行时，不得涂改、撕毁，应将空页、空行划一条红对角线予以注销、或加盖"此页作废"或"此行作废"的戳记，并由记账人员签章。

（6）每张账页登记完毕，应在最后一行加计发生额总数，结出余额，并在"摘要"栏注明"过次页"或"转次页"字样；次页第一行"摘要"栏内应注明"承上页"字样，并将上页加总额和结出的余额填入第一行相应栏内。

（7）凡需结出余额的账户，必须按规定时间将余额结出，并在"借或贷"栏内注明"借"或"贷"字样。没有余额的账户，应在"借或贷"栏内写明"平"字样。并在余额栏"元"位画"⊖"表示。

6. 年度终了，除"股金明细账"、"固定资产明细账"可连续使用外，其余账簿必须更换新账，并把有关账户的余额结转到下年度新账上。

二、错账的更正

账簿记录发生错误，应当按照规定办法更正。错账的更正，应当根据所发生错误的性质和具体情况，分别采用下列方法。

1. 画线更正法 画线更正法即在会计核算中，用画线注销原有记录，以更正错误的一种方法。这种方法适用于更正结账前发现的账簿记录中的下列错误：记账凭证正确，由于过账时的笔误或计算错误，因而造成账簿记录文字或数字的错误；账簿记录与记账凭证的内容不符。结账前所发现的会计凭证上的错误，也可以采用这种方法予以更正。采用画线更正法更正错误时，只需要将错误的文字或数字用一条红线划掉（对错误的数字在画线时不能只划掉错写的个别数码，而应整体划掉），再在被划掉的文字或数字上方写出正确的文字或数字；画线时，应注意保障被划掉的文字或数字的字迹能够辨认清楚，并由记账人员在更正处盖章证明。例如将 249 误记为 294 时，更正的方法是：$\dfrac{249}{\overline{294}}$

2. 红字更正法 红字更正法也叫红字冲销法，是指在会计核算中，用红字冲销或冲减原记数额，以更正或调整账簿记录的一种方法。这种方法适用于更正以下错误：根据会计凭证登记账簿后，发现账户对应关系有错误，或账户对应关系虽无错误，但所记金额大于应记金额。更正时，对于账户对应关系的错误，先用红字金额编制一张与错误记账凭证内容完全相同的记账凭证，冲销原来的错误分录，然后再用蓝字编制一张正确的记账凭证，据以登记入账；对于所记金额大于应记金额的错误，可按原来的账户对应关系编制会计分录，其金额应为原记金额大于应记金额的差额，而且要用红字书写，以冲销多记数额。具体更正方法举例如下：

【例 1-4-1】 农民合作社用现金 500 元购买账簿一套。在编制记账凭证时，会计分录误编为借记"经营支出"500 元，贷记"库存现金"500 元，并已登记入账。更正时，应先用红字（以□□表示）金额编制记账凭证并据以登记入账：

借：经营支出 　$\boxed{500}$

　贷：库存现金 　$\boxed{500}$

再用蓝字填写正确的会计凭证并据以入账：

借：管理费用 　500

　贷：库存现金 　500

【例 1-4-2】 农民合作社用现金 700 元购买办公用品，在编制记账凭证时，误编为借记"管理费用"900 元，贷记"现金"700 元，并已登记入账。更正时，应当按多记金额以红字编制一张记账凭证并据以入账：

借：管理费用 　$\boxed{200}$

　贷：库存现金 　$\boxed{200}$

3. 补充登记法 补充登记法即在会计核算过程中，用增记金额更正账簿记录错误的一种方法。这种方法适用于记账以后发现的记账凭证中科目对应关系及记账方向正确，但所记金额小于应记金额，所造成的账簿记录错误。更正时，应按原记账凭证的账户对应关系和记账方向，将少记金额用蓝字填制一张记账凭证，补充登记入账。具体更正方法举例如下：

【例 1-4-3】 农民合作社出售产品，收到银行存款 15 000 元。会计人员在编制记账凭证时误填为 1 500 元，并已登记入账。原分录为：

借：银行存款 　1 500

　贷：经营收入 　1 500

从上述分录中可以看出，对这笔经济业务的处理，科目对应关系和记账方向都是正确的，但金额少记 15 000－1 500 即 13 500元。此时可应用蓝字编制如下记账凭证，补充登记入账：

借：银行存款 　13 500（15 000－1 500）

　贷：经营收入 　13 500（15 000－1 500）

三、对账、结账和账簿的启用、交接与保管

(一) 对账

对账是将一定时期内的账簿记录，通过相互核对，以保证账证、账账、账款、账实、内外相符的一项重要工作。对账工作应在结账前进行，对账的内容和方法主要包括：

1. 账证核对 账证核对是将各种账簿的记录与登记账簿时所依据的记账凭证进行核实。

2. 账账核对 账账核对是将各种账簿之间的有关指标进行核对相符。一般进行四个方面的核对。一是核对总账账户期末借方余额与贷方余额之间是否平衡；二是核对会计和出纳员登记的现金日记账、银行存款日记账的余额是否平衡；三是核对总账各账户余额与所属各明细账户余额之和是否平衡；四是核对会计人员和保管人登记的产品物资明细账是否相符。

3. 账款核对 账款核对是指将货币资金的账面数与实有数进行核对。一是核对现金日记账期末余额与期末出纳保管的实际库存现金数是否相等；二是核对银行存款日记账期末余额与开户银行编制的对账单余额是否相等。

4. 往来核对 往来核对是指农民合作社与成员及其他单位或个人的往来账项进行核对相符。一是核对合作社与成员之间的经济往来事项是否相符；二是核对合作社与其他单位或个人之间的应收、应付款项是否相符。

5. 账物核对 账物核对是指各项财产物资的账面结存数量，要定期与实有数量核对相符。一是依据库存物资明细账的结存数与实有的产成品、库存物资、代购代销商品等逐项进行核对；二是依据固定资产明细账的结存数与实有的固定资产逐项进行核对。

6. 账表核对 账表核对是指总账、明细账及登记簿和会计报表之间的相关数字要核对相符。

（二）结账

结账就是在把一定时期内所发生的经济业务全部登记入账的基础上，对账簿进行的总结计算工作。具体地讲，结账就是在期末采用一定方法，结出各个账户的本期发生额和期末余额，以便据以编制会计报表。

1. 结账的种类 根据结账的期限和用途，可以分为"期结"、"年结"和"常规外结"三种。"期结"是指按照规定的时间界限进行的结账工作。期结主要包括"旬结"、"半月结"、"月结"、"季结"等几种。期结的具体时间界限，应当根据会计主体经济规模的大小、业务量的多少，以及生产经营管理的客观要求等条件决定。一般来说，农民合作社应当坚持日清月结，即使业务量较少，至少也要做到月清季结。"年结"是指在一个会计年度结束时所进行的年度结算工作。年结包括三个环节：一是对有关账户在年终要进行结转，二是要结束旧账，三是要建立新账。"常规外结"是指常规结账以外出现的非常规结账。如财会人员变动等就要进行常规以外的结账。

2. 结账的步骤

（1）准备工作。结账前要把日常发生的经济业务全部登记入账，按照"权责发生制"的原则，结转一切应当结转的账项。将应记未记的收入、费用全部入账，将应摊转的收入、费用全部摊转，进行资产盘存，对盘存过程中发现的盘盈、盘亏业务按规定进行账务处理，确保账实相符；结转收入、费用账户，结清经营成果类账户；进行对账，达到"六相符"标准。

（2）"草结"和试算平衡。所谓草结即指不用钢笔正式填写数字的"草底性"的结账。草结时，和正式结账要求一样，要结出各个账户本期的发生额合计和余额等数据，但不用钢笔正式填写数字，要先用铅笔填写，以便不平衡时更改。所谓试算平衡，是指在结账时，检查总分类账户的记录有无错误的一种验算工作。一般通过期末编制试算平衡表进行。在借贷记账法下，通过试算，可以检查全部账户的借方发生额合计是否等于全部账户的贷方发生额合计，全部账户的借方余额合计是否等于全部账户的贷方余额合计。试算平衡表的格式和填制方法如表 1-11 所示。

（3）更正错账和结账。通过"草结"和试算平衡，对发现的差错、账目不平等问题，应当逐一查找，按照规定的方法进行更正。在对全部差错进行更正、达到试算平衡后即可正式结账。正式结账，即用钢笔将各个账户结出的准确的发生额合计和余额填写在账页上。

3. 结账方法　结账方法一般包括两种，即累计余额结账法和总额平衡结账法。农民合作社采用总额平衡结账法。

总额平衡结账法是将上年转来的账户余额只记在新账的余额栏，每月都要进行"月计"，从第二个月开始逐月进行"累计"。具体方法包括明细账结账方法和总账结账方法。

（1）明细账的结账方法：

①年初建账时，将"上年转来"的余额，只登记在新账的第一行余额栏内，不在发生额栏内登记。

②在第一个月结账时，应结出本月发生额，根据上年转来的余额和本月发生额计算出月末余额，登记在本月最后一笔业务的下一行，在"摘要"栏内注明"月计"字样，并在"摘要"栏至"余额"栏下划一条单红线。如果本月只有一笔经济业务，可以此笔代替"月计"，不再另行进行"月计"。

③从第二个月开始，结出本月发生额后，在发生额栏下划一条单红线；在"月计"的下一行进行累计，并结出余额，在"摘要"栏中注明"累计"字样，并在"摘要"栏至"余额"栏下划一条单红线。

④每年的 12 月份"月计"行的下一行进行全年累计发生额和结出余额，在"摘要"栏中注明"全年累计"字样，并在全年累计数行下划两条通栏红线，表示本年度记账结束。

（2）总账的结账方法。采用"科目汇总表记账程序"登记总账，而且每月只记一次总账时，不再按月进行"月计"和"累计"，只需按月结出其余额，并填在与本月发生额齐平的余额栏内。但在每年的 12 月份，所有总账账户都应结出全年发生额合计和余额，写在 12 月发生额的下一行，并在"摘要"栏注明"全年累计"字样，在下面划两条通栏红线，说明本年度记账结束。

年度终了，不论是总账还是明细账都要将有余额账户的余额直接记入新账余额栏内，既不需要编制记账凭证，也不必将余额通过本年度账户的借方或贷方进行结转，只需在本年有余额的账户的"摘要栏"的"全年累计"下注明"结转下年"字样即可。

明细账和总账的结账方法具体说明为表 1-33 和表 1-34 所示。

表 1-33 明细账结账方法举例

账户名称：长期借款   第 25 页

2017 年		凭证号数	摘 要	借 方	贷 方	借或贷	余 额
月	日						
			上年转来			贷	100 000
3	1	7	略	20 000			
3	29	61	略		10 000		
			月 计	20 000	10 000	贷	90 000
9	25	74	略	30 000		贷	60 000
12	10	23	略		50 000		
12	20	36	略		20 000		

（续）

2017 年		凭证号数	摘　要	借　方	贷　方	借或贷	余　额
月	日						
12	24	48	略	10 000			
12	29	52	略		10 000		
			月　计	40 000	80 000		
			全年累计	60 000	90 000	贷	130 000
			………	………	………	………	………
			结转下年				

表 1-34　总账结账举例

账户名称：其他支出　　　　　　　　　　　　　　　　　　第 10 页

2017 年		凭证号数	摘　要	借　方	贷　方	借或贷	
月	日						
1	31	1	1 月份发生	15 000		借	15 000
3	31	3	3 月份发生	3 000		借	18 000
4	30	4	4 月份发生	11 000		借	29 000
6	30	6	6 月份发生	18 000		借	47 000
11	30	11	11 月份发生	25 000		借	72 000
12	31	12	12 月份发生	20 000	92 000	平	⊖
			全年累计	92 000	92 000	平	⊖
……	……	……	……	……	……	……	……

（三）账簿的启用、交接

1. 账簿的启用　在新会计年度开始时，财会人员应当在结束旧账的基础上，设置和启用新的账簿。启用新账簿时，应当将上年度各账户的余额转记到新账簿的有关账页的第一行"余额"栏内。按规定，除固定资产明细账、股金明细账可以继续使用外，现金、银行存款日记账、产品物资明细账、总账、各种明细账、登记簿均应更换新的账簿。

2. 账簿的交接　账簿是由指定的会计人员经管的，他们对自己负责登记的账簿的安全及账簿记录负有责任。当负责经管账簿的会计人员调换时，应在结账、对账、保证"六相符"的基础上，按规定办理交接手续，并填写会计人员交接清册，注明交接内容、时间、交接双方及监交人姓名，由移交人、接交人、监交人分别签章，以明确责任。

（四）账簿的保管

会计账簿是农民合作社重要的经济档案，是重要的经济历史资料。因此，在年度终了以后，除按规定可连续使用的账簿外，都应在建立新账后归档保管，而且要建立健全保管及借阅制度，确保归档保管的账簿安全完整。

四、记账程序

记账程序也叫账务处理程序，是指从原始凭证的整理开始，经过编制记账凭证，到登记账簿和编制会计报表的次序和步骤。

记账程序主要有两种，即序时账记账程序和记账凭证记账程序。农民合作社应当采用科目汇总表记账程序。

科目汇总表记账程序也叫做记账凭证汇总表记账程序，其特点是对发生的经济业务定期按照相同科目归类汇总，编制科目汇总表，然后根据科目汇总表登记总分类账的一种账务处理程序。采用这种记账程序时，编制科目汇总表的间隔日期不宜过长，也不宜过短，业务量较大的可以每隔 5 天或 10 天编制一次，但即使业务量小，最长间隔日期也不能超过一个月。科目汇总表记账程序的账务处理次序和步骤为：

1. 根据原始凭证或原始凭证汇总表编制记账凭证。

2. 根据收款凭证、付款凭证和入库单、出库单登记现金日记账、银行存款日记账、成员明细账、产品物资明细账和固定资产明细账。

3. 根据记账凭证和所附原始凭证登记明细账及有关登记簿。

4. 根据记账凭证定期编制科目汇总表。

5. 根据科目汇总表登记总账。

6. 明细账与总账相核对；明细账与现金日记账、银行存款日记账及产品物资明细账、固定资产明细账相核对；总账、明细账与有关登记簿相核对。

7. 根据总账、明细账及登记簿编制会计报表。

科目汇总表记账程序可表述为图 1-9 所示。

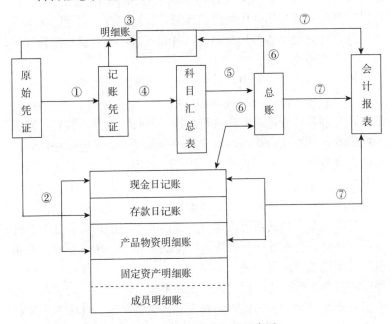

图 1-9　科目汇总表记账程序图

第五节　资产清查

一、资产清查的种类

资产清查也称资产盘存，是指对会计主体一定日期的资产的实有数额进行实地盘点和查对，查明账面数额与实存数额是否相符，借以调整账面记录，保证账实相符和资产安全的一种专门方法。

农民合作社对资产进行清查的作用主要在于：可以及时发现资产的短缺和毁损情况；可以查清各项资产的保管、利用和储备情况；可以查明合作社与其他单位和个人之间的经济往来；可以查清资金管理及有关财务管理制度的执行情况。通过资产清查，可以发现经营管理活动中的薄弱环节，针对存在的问题，采取有效措施，建立健全各项规章制度，进而改进工作，提高经营管理水平，提高经济效益。

资产清查按清查对象可分为全面清查和局部清查两种。全面清查是对农民合作社所有的如固定资产、库存物资、货币资金、债权债务和其他资产等资产进行彻底的清查、盘点和核对。清查的范围既包括农民合作社内部运行的全部资产，又包括在体外运行的各种资产。全面清查涉及范围广、内容多、工作量大，因此一般在编制年度决算报表前或在单位结束、合并、分立和改变隶属关系时进行，以保证会计信息的真实性。局部清查是指根据需要，对农民合作社的部分固定资产、产品物资、货币资金等进行盘点和核对。合作社除年终要进行全面清查外，还必须根据不同情况，定期或不定期地进行局部清查。每个会计年度对每类资产进行清查的次数，应根据具体要求来确定。局部清查的重点一般包括流动性较大、容易耗损的资产、贵重资产等。具体项目与时间要求如下：

1. 对于库存现金，必须当日清点。

2. 对于银行存款平时应和银行或信用社转来的对账单及时核对，月末再与银行或信用社账簿进行总核对，并与会计账簿进行核对。

3. 对于易损易缺的库存物资可采用专项清点的办法，对于流动性大的产品物资一般应按月或季进行盘点。

4. 对于贵重资产应按保管要求随时盘点。

5. 对于可能出现的以远期到期证券换取近期到期证券的有价证券，应按证券期限进行验证。

6. 各种往来款项、债权债务应分别情况处理。经常发生往来事项的单位应随时核对，对偶尔发生的往来事项每年应核对2～3次。

7. 因非常原因造成资产损失时，应在事故后及时进行被损资产的清查工作。

资产清查按清查的时间可分为定期清查和临时清查。定期清查是按预先规定的时间对资产进行的清查。定期清查一般在年度、季度和月份结账时进行。定期清查的范围，应根据经营管理的需要确定，可以是全面清查，也可以是局部清查。一般情况下，月末、季末进行局部清查，年末则应进行全面清查。临时清查是指预先不规定日期，临时对资产进行的清查。临时清查的范围，在多数情况下，属于局部清查。临时清查一般在下列情况下进行：

1. 更换资产保管人员如出纳或保管员时，为明确经济责任，对原管理人员所管理资产进行清查。

2. 农民合作社开展审计工作时，对涉及的资产进行清查。

3. 发生经济纠纷，为了以资产数额作为证据而进行资产清查。

4. 发生非常事故时，为了及时摸清经济损失情况，作出合理处理而进行资产清查。

5. 其他临时清查事项。

二、资产清查的方法

1. 实物资产的清查　实物资产的清查是指对农民合作社的固定资产、各种材料物资、在产品、产成品以及在建工程和大修理工程等所进行的清查。清查的方法是对各项实物资产进行实地盘点，即盘查法。

为了保证清查工作的顺利进行，在清查之前应当做好相应的准备工作：如成立清查小组，指定清查人员，制定清查计划及有关表格等；将实物收发的经济业务全部登记入账，并结出余额；各项实物资产要按品种、规格等排列整齐；准备好清查地点和需用的度量衡等器具。

实物资产清查应按下列步骤进行：实地盘点（点数、计量），登记实物资产的盘存登记表，编制实物资产实存与账存对照表。实地盘点与登记实物资产盘存登记表要同时进行。在实地盘点时，对查明的实物数量与质量，要先在盘存登记表中登记，然后根据实物资产盘存登记表与账面记录编制实物资产的实存账存对照表，最后要根据盘点结果和盈亏情况，查找账实不符的原因，明确经济责任，提出处理意见和改进工作的措施。

实物资产盘存登记表和实物资产的实存账存对照表的格式如表 1-35 和表 1-36 所示。

表 1-35　实物资产盘存登记表

清查对象：　　　　　存放地点：　　　　　　　　　第　　页

编号	名称	规格	计量单位	数量	单价	金额	备注

盘点人：　　　　　　　实物保管人：

表 1-36　实物资产实存账存对照表

清查对象：　　　　　　　　　年　月　日　　　　　　　　　第　页

编号	名称	规格	单价	实存		账存		对比结果				备注
								盘盈		盘亏		
				数量	金额	数量	金额	数量	金额	数量	金额	

盘点人：　　　　　　　　　　　实物保管人：

　　实物资产盘存登记表是反映各项实物资产实存情况的书面证明，是资产盘点结果的原始凭证，也是编制实物资产实存账存对照表的依据之一。因此，资产清查时实物保管人员必须在场。资产盘存登记表和实存账存对照表填制完毕后，必须经实物保管人员和盘点人共同签字盖章，才能作为有效的凭证。实物资产实存账存对照表，经有关领导审批签章并经成员会议或成员代表会议审核后，才能作为调整账簿记录的依据。

　　2. 货币资金的清查　货币资金包括库存现金和银行存款两种，其清查方法各具特点。

　　对库存现金的清查和实物资产的清查基本一样，要通过实地盘点进行。在具体盘点时应当注意，不准以任何收据、借条等充抵现金。现金盘点工作必须一次做完，盘点结束后应编制库存现金盘点报告表和未登记入账收支票据登记表，并应由盘点人员和出纳员共同签章证明。库存现金盘点报告表、未登记入账收支票据登记表的格式如表 1-37、表 1-38 所示。

表 1-37　库存现金盘点表

年　　月　　日

清 点 现 金					核 对 账 目	
货币面值	张数	金额	起始日	截止日	项目	金额
100 元					现金账面金额	
50 元					加：收入凭证未记入账	
20 元					减：付出凭证未记入账	
10 元					调整后现金余额	
5 元					实点现金	
1 元					长款：	
5 角					短款：	
2 角						
1 角						
实点	合计					

清查人员：　　　　　会计：　　　　　出纳员：

表 1-38　盘点现金未入账（收、支）票据登记表

计量单位：元

年　　月　　日

序号	业务发生时间	内容摘要	金额	备注
合计				

清查人员：　　　　　会计：　　　　　出纳员：

对银行存款的清查应当通过与银行核对账目，即采用核对法来进行。农民合作社在同银行核对账目之前，首先要检查银行存款日记账的准确性和完整性，在此基础上与银行编制的对账单逐笔核对。在银行对账单上，列有本单位存款的存入、支付金额和时间以及存款余额。只有双方的账面余额相等，存款余额才算正确。但应注意，本单位账面余额与银行账面余额有时也可能发生差异，这是由"未达账项"（即一方已经入账，而另一方尚未收到有关凭证，故而未入账）造成的。"未达账项"包括四种情况：一是本单位存入银行的各种款项，已经入账，增加了存款，而银行尚未入账；二是本单位开出的各种支票或付款凭证已经登记入账，减少了存款，而银行尚未付出或结账；三是委托银行代收的款项和银行应付本单位的存款利息，银行已经登记入账，而本单位尚未接到通知，未登记入账；四是委托银行代付的款项和本单位应付的借款利息，银行已经登记入账，减少了本单位存款，而本单位尚未接到通知，未登记入账。

为了查明清查当日的银行存款余额的正确数字，消除未达账项的影响，应当查明双方账目记录有无误差，若存在误差要予以更正，然后根据已查明的未达账项，编制"银行存款余额调节表"，其格式如表 1-39 所示。

表 1-39 银行存款余额调节表

年　　月　　日　　　　　　　　　　　　　　　单位：元

项　目	金额	项　目	金额
本单位账面余额		银行账面余额	
加：银行代收的款项和应收存款利息		加：存入银行的各种款项	
减：银行代付款项和应付的借款利息		减：已开出尚未转账和兑现的支票	
调整后的存款余额		调整后的存款余额	

银行存款余额调整表，应当根据上述四种情况进行编制。发生第一、四种情况的未达账项，造成了本单位的银行存款余额大于银行账上本单位的存款余额。第一种情况是银行未入账，因此在银行账面余额上应加上这一数额；第四种情况是银行已入账，本单位未入账，因此应在本单位账面余额上减去这一数额。第二种情况是银行未入账，因此应从银行账面余额上减去这一数额；第三种情况是本单位未入账，因此应在本单位账面余额上加上这一数额。经过上述调整后得出的银行存款余额，已不是清查日双方账面上的银行存款余额。新求得的双方账面余额如果相符，就说明清查当日双方账面银行存款的余额是正确的。如果调整后的余额仍不相符，应当进一步查找原因，直到余额相符为止。

银行存款余额的清查核对方法，也适用于对借款余额的清查。

3. 结算资金的清查 结算资金的清查方法和银行存款的清查方法基本相同，也应当采取同对方单位核对账目的方法。核对时应在保证农民合作社账目准确完整的基础上，根据明细账户编制对账单，送达对方单位进行核对。送达对方的对账单一般应是一式两联，其中一联作为回单，对方单位如核对相符，应在回单上注明"核对相符"字样，并加盖单位公章（个人往来应签章）后退回合作社以示认可。如发现数字不符，应将不符情况在回单上予以说明，以便进一步清查。结算资金清查后，应编制结算资金清查报告表，一一列出各项债权债务的余额，对于发生争议的款项，应在报告表中详细说明情况。

三、资产账实不符的原因

1. 自然方面的原因 有些资产在保管、储运、收发和使用过程中，由于受自然界各种因素的影响，经常会发生质量变化或数量上的增加或减少，有的资产随着时间的推移会失去效用；有的资产还会因不可抗力的自然灾害造成巨大的损失等。由于上述自然原因或意外灾害造成的资产质量和数量上的变化，在资产的日常管理活动中是不可避免的，也是财务核算无能为力的。

2. 人为方面的原因　有些资产在保管、储运、收发和使用过程中，由于管理不善、计量不准、工作失误、失职等人为方面的原因，往往会造成资产的损坏、变质或短缺。如在保管过程中，由于虫蛀鼠咬、霉烂变质致使资产失去使用价值；在收发过程中，由于检验、计量失误发生品种差错、质量差异或数量短缺；由于不法分子贪污盗窃或营私舞弊，致使资产在质量或数量上遭受损失等。

上述情况说明，产生资产账面数与实存数不符，绝大部分原因并不是发生在账务处理环节上，而是发生在资产的保管、储运、收发和使用过程中。所以，要保证会记核算的真实性及资产的完整无缺，就要在认真做好会计凭证的整理、会计账簿的记录、保证账面数字准确无误的基础上，加强对资产的清查工作，通过资产清查达到账实相符的目的。

四、资产清查结果的处理

通过资产清查所发现的问题和清查的结果，应当根据有关法律、法规、规章、制度的规定以及管理的需要，进行严格处理。

（一）处理资产管理问题时应遵循的原则

1. 因地制宜迅速处理　这一原则要求在处理清查出的资产盈亏问题时要因地制宜，抓紧时间。资产管理中的问题主要是结构问题。如某项资产积压过多或严重短缺等，都应立即查明原因，合理处理，以促进资金正常运转。

2. 掌握情况，正确决策　这一原则主要适用于清查发现的体外运行的资产盈亏问题的处理。农民合作社要全面把握对方的财力情况和经营成果，认真分析合作社拥有的权益的稳定性，并作出科学决策。权利性资产管理中的问题，主要是要吃透对方情况，对发现权益出现的不稳定现象，要积极催收欠款，甚至追回投资；对发现的已失效的权益，应及时予以解决，并作出账务处理，反映事实真相。

3. 惩前毖后，重在改进　这一原则是指对在资产清查过程中发现的人为问题，应分清责任，赏罚分明，并及时作出反馈信息，制定相应的规章制度，促进农民合作社不断完善管理、改进管理。

（二）处理会计核算问题时应遵循的原则

1. 查明性质、原因，按照规定处理　这一原则是指对清查过程中发生资产盘盈、盘亏问题要分清性质，查明原因，按照会计准则和会计制度的规定，分别作出账务处理。一般来讲，属于正常盈亏的范围或责任应由农民合作社承担时，应计入"其他收入"或"其他支出"账户；对于因玩忽职守等原因造成的损失，应由当事人负责，或交回现金作借记"库存现金"科目的账务处理，或作为往来欠款作借记"成员往来"等科目的账务处理；对于自然灾害或重大事故造成的损失应在扣除保险公司的赔偿或残值收入后，作借记"其他支出"科目的账务处理。

2. 及时调整账目，做到账实相符　这一原则要求对于资产清查中发现的各项差异，应在账簿上予以反映，通过对账簿记录的调整，做到账实相符。对资产清查所发现的各种差异，在会计账务处理上应分两个步骤进行：第一步，先将已查明属实的盘盈、盘亏或损失等差异，在账簿上如实反映，以保证账面数与实存数完全一致；第二步，根据差异发生的原因和经批准的差异处理办法，将处理结果，再作一次账务处理。

第六节　会计交接与会计档案

一、会计交接

会计交接是指会计人员因工作调动或离职时，为明确责任、保障会计工作的连续性而办理的前任移交和后任接管的工作。财会人员具有很强的技术性和必要的连续性。因此，农民合作社的财会人员，应尽量保持稳定，不能随意变动。会计人员的任免和调换，应当经成员会议或成员代表会议讨论通过。合作社如果确需调换会计人员时，应当遵循《会计法》的规定：会计人员调动工作或者离职，必须与接管人员办清交接手续。原任会计没有办理交接手续一律不准离职。会计交接分为正常交接和非正常交接两种。

（一）会计工作的正常交接

会计工作的正常交接是指会计人员因工作变动等原因离开会计岗位时所进行的会计交接工作。正常的会计交接包括以下内容：

1. 应移交的事项　应移交的事项包括：①有关印鉴；②会计凭证、会计账簿、会计报表以及保管的会计档案等其他资料；③有关文件、规定及规章制度；④重要的空白凭证；⑤经办的未了事项和其他应移交的事项。

2. 移交前的准备工作　农民合作社会计交接前应做好以下准备工作：

（1）已经受理的经济业务，应全部编制记账凭证、登记会计账簿、进行结账和对账，保证证证、账证、账账、账表、账实、内外六相符，并在各账户的最后一笔余额后加盖印章。

（2）整理应该移交的各种资料，对未了事项应当写出书面材料予以说明。

（3）编制移交清册，列明应移交的会计凭证、会计账簿、报表、印章、现金支票及其他重要的空白凭证、文件、资料和其他物品等内容。

（4）会计主管人员移交时，还要将全部财务会计工作、重大财务收支事项和会计人员等情况，向接替人员详细介绍。对需要移交的遗留问题要写出书面材料。

（5）确定监交人。会计主管人员办理交接手续时，应当由农民合作社主要负责人、成员代表等会同监交。一般会计人员办理交接手续时，应由会计主管人员监交。

3. 交接的实施　移交人员要按照移交清册逐项移交，接管人员要逐项核对清收。

（1）现金要根据账簿余额进行清点移交；有价证券要根据"有价证券登记簿"余额及购买时间、证号移交。不一致时，移交人员应当在规定期限内负责查清处理。

（2）会计凭证、账簿、报表、合同、契约等其他会计资料必须完整无缺，不得遗漏。如有短缺，要查明原因，并在移交清册中注明，由移交人负责。各明细账账户余额，要与总账有关账户的余额核对相符，必要时，要抽查个别账户的余额，进行账实核对与内外核对。

（3）移交人经管的印章和其他实物应当交接清楚。

（4）交接完毕后，交接双方和监交人应当在移交清册上签名盖章。并在移交清册上注明：单位名称、交接日期、交接双方和监交人姓名、职务、移交清册的页数及需说明的问题和意见等。移交清册一式三份，交接双方各执一份，农民合作社存档一份。

4. 接管后的后续工作

（1）接管后，新任财会人员应当继续办理移交的未了事项。

（2）接替的会计人员应当继续使用移交的账簿，不得自行另立新账，以保持会计核算的连续性。

（3）移交后，若发现原经管的会计业务有违反财会制度和财经纪律等问题，仍由原移交人负责。

（二）会计工作的非正常移交

会计工作的非正常移交是指会计人员因遇意外事故无法正常工作而进行的会计交接。一般应当按照以下程序进行：

1. 成立临时监交组织　临时监交组织应由农民合作社负责

人、监事会负责人、原会计人员的亲属、成员代表、接管的会计人员、其他有关人员组成。交接工作结束后，临时监交组织自行解散。

2. 封存有关实物和账簿单据　非正常会计交接，首先应冻结农民合作社的银行账户，并将有关的款物、账簿、单据等封存起来，以保持当时的真实情况，便于分析处理有关问题。封存冻结后应立即清点库存现金、实物和银行存款；查清落实后，要立即起封解冻，以便经济活动正常进行。

3. 处理遗留账务　处理遗留账务应当确定适当的人员，人员确定后，应当在监交组的监督下进行账务处理，记账完毕，应立即进行结账和对账。

4. 解决问题　经过结账和对账后，如果没有发现问题，即可按程序进行交接。如果存在问题，应当查清原因，提出解决办法，提交成员会议或成员代表会议审议批准，处理后应达到"六相符"标准。

5. 进行交接　经过上述程序处理后，即可进行交接。非正常会计交接，没有移交人，只有接交人，因此应以监交组代行移交人职责，行使监交职权。具体交接时，除按正常交接的程序和要求办理有关手续外，应由监交组写一份情况说明材料，并由所有监交组成员以及具体承办人员共同签名或盖章。

二、会计档案

（一）会计档案内容

会计档案是指会计主体在会计活动中自然形成，并按规定规范保存备查的会计资料载体，即按照规定归档保管的会计凭证、账簿和会计报表以及财务计划、盈余分配方案等。农民合作社的会计档案主要包括会计凭证、会计账簿、会计报表、合同、协议、生产计划、基本情况统计资料等。具体应当按照财政部颁发的《会计档案管理办法》和《农民专业合作社会计制度（试行）》

的要求将以下资料整理归档:

1. 会计凭证、会计账簿、会计报表;

2. 年终进行盈余分配的全部资料;

3. 会计交接时的移交清册;

4. 会计档案保管清册以及销毁清册;

5. 基本情况及其他各种统计资料;

6. 经济合同和协议;

7. 其他财务档案资料。

(二)会计档案管理

1. 对会计档案应当专人负责、存放有序、妥善保管、查找方便。要制定和执行安全保密制度,不得随意堆放,严防毁损、散失和泄密。

2. 农民合作社应当建立档案室、柜,对会计档案统一保管。

3. 已经归档的会计资料,管理人员原则上要保持原宗卷的封装,任何人未经批准,不得私自拆封或抽取资料,确需重新整理时,应会同原财会部门和经办人员共同整理,以明确责任。

4. 要制定会计档案查阅制度。查阅会计档案应有严格的制度,任何单位或个人查阅会计档案时,必须经建档单位负责人批准,并进行严格的查阅登记。查阅会计档案时,一般只能在档案室查看,档案原件一律不准随意拿走,也不准外借。查阅单位如需带回文字性资料时,可进行复制或复印,并由档案管理人员在复制或复印件上盖章证明。

(三)会计档案保管期限

会计档案的保管期限分为定期保管和永久保管两种。定期保管的又分为 3 年、5 年、10 年、15 年、25 年共 5 种。农民合作社各种会计档案的保管年限的规定如下:

1. 会计凭证包括原始凭证、记账凭证和科目汇总表,会计凭证的保管期限为 15 年。如有涉及外事或其他重要的会计凭证，应永久性保管。

2. 会计账簿包括总账、明细账、日记账和辅助账簿。会计账簿的保管期限一般为 15 年，"现金日记账"、"银行存款日记账"应保管 25 年；"股金明细账"、"资本公积明细账"应永久保管。如有涉及外事或其他重要的会计账簿，应永久保存。

3. 会计报告及文字分析的保管期限是：月、季报表及文字分析的保管期限为 5 年，年度会计报表及文字分析应永久保管。

4. 会计移交清册的保管期限为 15 年。

5. 会计档案保管清册和会计档案销毁清册应永久性保存。

6. 银行存款余额调节表、银行对账单的保管年限为 5 年。

7. 各种会计档案的保管期限，应从会计年度终了后的第一天算起。

（四）会计档案销毁

会计档案保管期满需要销毁时，应当由农民合作社档案室负责人提出销毁意见，与有关会计人员共同鉴定，严格审查，编制会计档案销毁清册。合作社会计档案的销毁，必须经过成员会议或成员代表会议审查批准，并由监事会成员等人员监销。监销人员在销毁会计档案以前，应认真进行清查核对，销毁后，在销毁清册上签名盖章，并将监销情况报告合作社负责人。

在销毁会计档案时，对其中未了结的反映债权债务涉及林、地、房产等产权契约、证券和有关货币收支凭证，以及对处理历史遗留问题具有重要参考价值的原始凭证，应单独抽出，另行立卷，由档案部门保管到结清事项完结时为止。建设项目在建设期间的会计档案不得销毁。

会计档案销毁清册及封面的格式如表 1-40 和表 1-41 所示。

农民合作社会计实务

表 1-40　会计档案销毁清册封面

会计档案销毁清册

合作社档案室监销人签字盖章	年　月　日
财会人员监销人签字盖章	年　月　日
成员代表监销人签字盖章	年　月　日

表 1-41　会计档案销毁清册

顺序号	类别	案卷号	案卷标题	起止时间	张数	应保管年限	已保管年限	备注

· 88 ·

第二章 资产的核算

资产是指农民合作社能以货币计量的经济资源，是合作社从事生产经营活动所必需的物资基础。合作社的资产可分为流动资产、农业资产、对外投资、固定资产和无形资产等。在核算时使用的一级会计科目包括库存现金、银行存款、应收款、成员往来、产品物资、委托加工物资、委托代销商品、受托代购商品、受托代销商品、对外投资、牲畜（禽）资产、林木资产、固定资产、累计折旧、在建工程、固定资产清理、无形资产等17个会计科目。

第一节 货币资金的核算

货币资金是农民合作社流动资产的重要组成部分，是合作社流动性最强的资产。为此，合作社应当根据有关法律法规，结合实际情况，建立健全货币资金内部控制制度；在管理上应当建立货币资金业务的岗位责任制，明确相关岗位的职责权限；明确审批人和经办人对货币资金业务的权限、程序、责任和相关控制措施，加强对货币资金的管理和控制。

根据货币资金存放地点及其用途不同，农民合作社的货币资金可分为库存现金和银行存款（含其他货币资金）。

（一）现金的管理与核算

农民合作社应当严格按照国务院制定的《现金管理条例》的

规定收支现金，超过库存现金限额的部分应当及时送存开户银行，并严格按照《农民专业合作社会计制度（试行）》的规定核算现金的各项收支业务，及时、准确地核算现金收入、支出和结存；要组织专人定期或不定期清点核对现金，做到账款相符。

1. 现金的管理

（1）现金的库存限额　农民合作社应当在当地银行开设存款账户、办理存款、取款和转账结算业务。合作社日常零星开支所需现金，应经由开户银行根据其业务量的大小和地理条件核定最高限额。一般为合作社 3～5 天的零星开支所需量，边远地区和交通不便的合作社，可以多于 5 天，但最多不超过 15 天的日常零星开支需要量。如果库存现金超过了核定限额，应当及时送存开户银行。合作社库存现金限额的计算公式是：

库存现金限额＝上年现金支出总额÷365×核定天数

假设某合作社上年现金支出总额为 53 800 元，分别按 3 天和 5 天的核定天数计算，其库存现金限额则为：

①核定天数为 3 天：

库存现金限额＝53 800÷365×3＝360 元

②核定天数为 5 天：

库存现金限额＝53 800÷365×5＝600 元

因此，该合作社的库存限额即可定为 360～600 元。

库存限额一经核定，农民合作社就必须严格遵守，超过限额的现金必须及时送存开户银行；库存现金低于限额时，可以从银行或信用社提取现金，补足限额。如需变更限额时，应当向开户银行提出申请，重新核定。

（2）收支两条线管理　农民合作社对于其收入的现金，要注明来源，及时办理手续送交开户银行。支付现金时，要说明用途，向开户银行提取。合作社不能将收入的现金直接用于支出，即不得坐支现金。因特殊情况需要坐支现金的，要事先报经开户银行审查批准，由开户行核定坐支的范围和限额，并定期报送坐支金额和使用情况。

（3）现金的使用范围　农民合作社以现金支付各种款项，必须根据国务院发布的《现金管理条例》的规定，结合合作社的特点办理。农民合作社现金的使用范围包括：①职工工资，各种工资性津贴；②个人劳务报酬；③根据章程规定发给个人的各种补贴奖金；④发给个人的劳保、福利费等其他支出；⑤向个人收购的农副产品及其他支出；⑥向出差人员垫支的必须随身携带的差旅费；⑦结算起点（1 000 元人民币）以下的零星开支；⑧中国人民银行规定的需要支付现金的其他支出。

对因采购地点不固定、交通不便、生产急需等特殊情况，需要较大数额的现金时，要经有关部门批准，本合作社主管财务的负责人签字审批后才能支付现金。超过规定范围不得使用现金结算，应采用转账等非现金结算方式进行结算。

（4）现金的日常管理　现金特点决定了其容易被侵占和挪用，必须加强管理。因此，农民合作社要配备出纳员，实行账、款分管，或指定专人负责现金的收支与保管，非现金管理人员不得经管现金。每项现金收支业务，都必须有合法的手续、完备的原始凭证为依据。经审核，对内容不完善、手续不齐备的应予退回，让其补办齐全，否则不能登记入账；对于违反管理制度规定的收支事项，财会人员应当拒绝办理。对伪造和涂改凭证、虚报冒领款项等违法乱纪行为，应当及时报上级主管单位处理。出纳人员不得以白条抵顶库存现金，不得私自将库存现金借给其他单位或个人，不得挪用公款或公款私存，不得直接依据经手人交回的原始凭证支付现金。因公出差人员应尽量避免携带大量现金。因公确需借款时，应当按照有关规定办理审批手续，并限期报账，不得拖欠，以免形成"疙瘩账"。在现金的日常收支管理中，应当坚持以下管理制度：

（1）不准以不符合财务管理制度规定的凭证（白条）抵顶库存现金；

（2）不准单位之间相互借用现金；

（3）不准向开户银行谎报用途套取现金；

（4）不准用本单位账号替其他单位或个人存入或支出现金；

（5）不准公款私存；

（6）不准设立账外账、小金库；

（7）禁止非出纳人员保管和经手现金；

（8）不允许开户单位在经济活动中只收现金，拒收银行本票、支票和其他结算凭证。

2. 现金的核算 为了反映农民合作社现金的收支和结存情况，合作社在会计核算时应当在总账分类中设置"库存现金"总账账户，进行总分类核算，同时要建立序时账进行序时核算。

（1）现金的序时核算 为了全面、系统、连续、详细地反映有关现金的收支情况和库存余额，农民合作社应当设置"现金日记账"。有外币业务的农民合作社，应当按照外币币种单独设立"现金日记账"。明细分类核算时，由出纳人员根据审核签字后的现金收支凭证和从银行或信用社提取现金时填制的银行存款付款凭证，按照业务发生的先后顺序，逐日逐笔登记，每日终了应当及时计算现金收入合计、现金支出合计及现金结余金额，并将结余金额与实际库存余额进行核对，确保账款相符。月度终了，将"现金日记账"的余额与总账中的"现金"账户余额进行核对，保证账账相符。

（2）现金收入的核算 农民合作社在收取现金时手续要完备，非涉税收入事项统一使用《山西省农村集体经济组织专用票据》或自制的"收款凭证"。合作社收入现金的途径主要有：从银行提取现金、收取转账起点以下的零星收入款、职工交回剩余差旅费、收取个人的罚款以及无法查清原因的现金溢余等。发生现金收入事项时，借记"库存现金"科目，贷记"银行存款"、"成员往来"、"其他收入"、"经营收入"、"股金"等有关科目。

【**例 2-1-1**】 某合作社 2017 年 1 月 2 日收到成员王五交来股金 10 000 元，其分录为：

借：库存现金　10 000
　　贷：股金——王五　10 000

农民合作社收到现金，应当由会计人员填制《山西省农村集体经济组织专用票据》和自制的"收款凭证"。如例 2-1-1 发生的经济业务，会计人员就应当填制《山西省农村集体经济组织专用票据》并据此填制"收款凭证"如下：

第一联作为出纳员登记"现金日记账"的依据，如表 2-1 所示。

表 2-1　收款凭证

借方科目：库存现金　　　　2017 年 1 月 2 日　　　　　　第 ×号

兹由　　　　王五	一、出纳凭此付款并登记现金日记账留存
交来　　　股金　　　　　　　款	
人民币（大写）　　壹万元整　　　¥ 10 000.00	

收款单位：××　　会计：××　　出纳：××　　交款人：王五

第二联由会计作为编制会计分录的依据，可填制为表 2-2 所示。

表 2-2　收款凭证

借方科目：库存现金　　　　2017 年 1 月 2 日　　　　　　第 ×号

兹由　　　　王五	三、会计凭证记账附件
交来　　　股金　　　　　　　款	
人民币（大写）　　壹万元整　　　¥ 10 000.00	

收款单位：××　　会计：××　　出纳：××　　交款人：王五

会计人员根据收款凭证填制记账凭证如表 2-3 所示。

表 2-3 记账凭证

2017 年 1 月 2 日　　　　　　　　　　　　　　　　第×号

摘要	科目名称	明细科目	借方	贷方	所附原始凭证2张
王五交来股金	库存现金		10 000		
	股金	王五		10 000	

会计：××　　　　　　　　　　　　　　记账：××

【例 2-1-2】 某合作社从开户银行提取上级扶持资金 5 000 元备用。其分录为：

借：库存现金　5 000

贷：银行存款　5 000

【例 2-1-3】 某合作社在盘点现金时，发现库存现金比账面余额多出 98 元，经查原因不明，经批准作其他收入登记入账。其分录为：

借：库存现金　98

贷：其他收入　98

（3）现金支出的核算　农民合作社支付现金，应当附有经负责人审批报销的原始凭证。审批手续时应当由经手人带原始凭证，经有关负责人审批后，将原始凭证交给会计人员。会计人员接到已审批的原始凭证后，据以编制"付款凭证"。发生现金付出事项时，借记"管理费用"、"生产成本"、"产品物资"、"银行存款"等科目，贷记"库存现金"科目。有外币现金的农民合作社，应当在现金科目下分别按人民币和外币币种设置明细科目，进行明细核算。

【例 2-1-4】 某合作社 2017 年 1 月 3 日用现金 800 元购买账簿一套，其分录为：

借：管理费用——办公费　800

　　贷：库存现金　800

农民合作社支出现金，应当由会计人员编制"付款凭证"。如例 2-1-4 所发生的经济业务，会计人员就应当填制"付款凭证"如下：

"付款凭证"第一联交经手人。经手人凭此到出纳处报销，出纳员凭此联付款，并登记"现金日记账"，具体填制如表 2-4 所示。

表 2-4　付款凭证

贷方科目：库存现金　　　　2017 年 1 月 3 日　　　　第× 号

付给　　　张三	出纳凭此付款并登记现金日记账
购买账本　　　　　　　款	
人民币（大写）　捌佰元整　　　￥800.00	

付款单位：××　　会计：××　　出纳：××　　收款人：××

第二联为会计人员编制记账凭证的附件，如表 2-5 所示。

表 2-5　付款凭证

贷方科目：库存现金　　　　2017 年 1 月 3 日　　　　第× 号

付给　　张三	二、会计记账凭证附件
购买账本　　　　　　　款	
人民币（大写）　捌佰元整　　　￥800.00	

付款单位：××　　会计：××　　出纳：××　　收款人：××

会计人员根据"付款凭证"编制的记账凭证如表 2-6 所示。

表 2-6 记账凭证

2017 年 1 月 3 日   第×号

摘 要	科目名称	明细科目	借 方	贷 方	
购账本	管理费用	办公费	800		所附原始凭证 2 张
	库存现金			800	

会计：××   记账：××

【例 2-1-5】 某合作社理事长赵四 2017 年 1 月 10 日出差时借款 3 000 元，以现金支付。其会计分录为：

    借：成员往来——赵四   3 000

      贷：库存现金   3 000

农民合作社所发生的借款事项，都必须填制一式两联的"借款单"，并经过严格的审批手续。

【例 2-1-6】 某合作社盘点现金时，发现库存现金比账面余额少 56 元，即库亏 56 元。经研究暂作应收款入账，待查明原因后再作处理。其分录为：

    借：应收款——盘亏   56

      贷：库存现金   56

【例 2-1-7】 经查例 2-1-6 中库存现金短缺部分为出纳员挪用，经研究由其负责退赔。出纳员当即退赔现金 56 元。其分录为：

    借：库存现金   56

      贷：应收款——盘亏   56

（二）银行存款的核算

银行存款是指农民合作社存入银行等金融机构的款项。合

作社的银行存款收支业务，应当由出纳人员负责办理。反映
"银行存款"增、减业务的所有原始凭证，同现金收、付款凭
证一样，应当经过认真审核，才能据以编制银行存款收、付凭
证，然后按规定手续办理款项的收付、编制记账凭证，并据以
记账。

农民合作社的支票与银行存款结算印鉴，应当分别由会计和
出纳人员保管，不能将其集中在出纳或会计一人手中，以加强对
银行存款收支业务的监督管理。

农民合作社银行存款的总分类核算，在实际工作中是根据
收、付款凭证编制的记账凭证定期汇总登记的。月末，本期发生
额和余额应与出纳员登记的"银行存款日记账"收入、付出和结
存数核对相等。出纳员登记的"银行存款日记账"，应当根据会
计编制的银行存款收、付凭证，按照银行存款收支业务发生的
先后顺序，逐日逐笔登记。

为了总括反映银行存款的收入、支出和结存情况，农民
合作社在总分类账中应设置"银行存款"总账账户。银行存
款增加时借记"银行存款"科目，贷记"专项基金"、"经营
收入"、"其他收入"、"投资收益"、"应付款"等科目；银行
存款减少时，借记"固定资产"、"产品物资"、"经营支出"、
"其他支出"、"管理费用"等科目，贷记"银行存款"科目。
"银行存款"账户的余额在借方，反映合作社存入银行的款项
结存额。

【例 2-1-8】某合作社 2017 年 1 月 25 日在银行取得一笔期
限为 3 年的贷款 50 000 元，转存。其分录为：

借：银行存款　50 000

　　贷：长期借款——银行贷款　50 000

合作社收到这笔款项后，会计人员应当编制《山西省农村
集体经济组织专用票据》，并据此编制自制收款凭证如表 2-7
所示。

表 2-7 收款凭证

借方账户：银行存款　　　　　　2017 年 1 月 25 日　　　　　　第×号

```
兹由      银          行

交来      3 年期贷                      款

人民币（大写）伍万元整              ￥50 000.00
```

收款单位：××　　会计：××　　出纳：××　　交款人：××

收款凭证编制好后，第一联应交由出纳员据以登记"银行存款日记账"，第二联作为会计编制记账凭证的附件。

【例 2-1-9】　某合作社收到一笔数额为 10 万元的捐赠款项。其分录为：

　　借：银行存款　100 000
　　　贷：专项基金——捐赠款　100 000

【例 2-1-10】　某合作社用银行存款购买电脑一台价值 5 000 元。其会计分录为：

　　借：固定资产——电脑　5 000
　　　贷：银行存款　5 000

【例 2-1-11】　2017 年 2 月 12 日，某合作社用银行存款 10 000元，转付购核桃苗木款。其分录为：

　　借：林木资产——经济林木——核桃　10 000
　　　贷：银行存款　10 000

【例 2-1-12】　某合作社收到县财政部门转来的财政专项扶贫款 60 万元。合作社决定在未量化到贫困户成员前暂作应付款处理。其方案为：

　　借：银行存款　600 000
　　　贷：应付款——应付专项扶贫资金　600 000

【例 2-1-13】　2017 年 2 月 10 日，某合作社用银行存款 10 000元，转付到期银行贷款（贷款期限为 6 个月），并转付利息 500 元。其分录为：

　　借：短期借款——银行借款　10 000

　　　　其他支出　500

　　　　贷：银行存款　10 500

　　农民合作社发生银行存款支付业务时，应当由会计人员根据存款付出业务的原始凭证编制付款凭证。如例 2-1-13 支付的款项，就应当由会计人员填制付款凭证如表 2-8 所示。

表 2-8　付款凭证

贷方账户：银行存款　　　　　2017 年 2 月 10 日　　　　　　第×号

付给　　银　　　　行		
到期贷款本息		款
人民币（大写）壹万零伍佰元整	￥10 500.00	

付款单位：××　　会计：××　　收款人：××

　　付款凭证编制好后，会计人员应将第一联交付出纳员，出纳员据此登记"银行存款日记账"；第二联会计人员作为编制记账凭证的依据和附件。

第二节　应收及预付款项的核算

　　农民合作社在生产经营活动过程中，经常要与其他单位或个人发生各种经济往来的结算业务。如合作社为成员垫付的各种应收款项，与成员之间发生的一些暂时未达"归宿"的款项等。合作社在各种经济往来活动中发生的债权和暂时支付的预付款项等可划分为两类：一类是与外单位或个人在经济交往过程中发生的应收及暂付款项，在"应收款"科目中核算；二是合作社与本社内单位或成员发生的应付及暂收款项，在"成员往来"科目中核算。

一、应收款的核算

农民合作社与外单位或个人之间发生的各种应收及暂付款项，主要包括因销售产品物资、提供劳务应收取的款项以及应收的各种赔款、罚款、利息等，在核算时应当在总分类账中设置"应收款"总账账户。合作社发生各种应收及暂付款项时，借记本科目，贷记"经营收入"、"库存现金"、"银行存款"等科目；收回款项时，借记"库存现金"、"银行存款"等科目，贷记本科目。取得用暂付款购得的产品物资、劳务时，借记"产品物资"等科目，贷记本科目。合作社对因债务单位撤销、债务人死亡又无资产可以清偿等原因造成的确实无法收回的应收款及暂付款项，应在取得相关证明的基础上，按规定程序批准核销，核销时借记"其他支出"科目，贷记本科目。本账户应当按照应收及暂付款项的单位或个人名称设置明细科目，进行明细核算。本科目的余额在借方，反映合作社尚未收回的应收及暂付款总额。

【例 2-2-1】 某面粉加工合作社销售加工的面粉 2 000 袋给某超市，每袋售价 90 元，成本 75 元，货款暂欠。其分录为：

该业务分两笔，一是应收款增加，经营收入增加；另外要结转销售产品的成本，作经营支出增加、产品物资减少的账务处理，其分录为：

①销售时：

借：应收款——某超市　180 000

　　贷：经营收入——产品销售收入　180 000

②结算成本时：

借：经营支出——产品销售成本　150 000

　　贷：产品物资——面粉　150 000

③收回销售款时：

借：银行存款　180 000

　　贷：应收款——某超市　180 000

【例2-2-2】 某合作社为购置农机具向农机公司转付预购订金20 000元，一月后购回农机具并转付扣除预付订金后的价格20 000元，享受财政补贴价款40 000元。其分录为：

①预付订金时：

借：应收款——农机公司　20 000

　贷：银行存款　20 000

②购回农机具时：

借：固定资产——农机具　80 000

　贷：银行存款　20 000

　　　应收款——农机公司　20 000

　　　专项基金——财政补助资金　40 000

二、成员往来的核算

　　成员往来是指农民合作社与其所属单位及成员之间在生产、交换、分配和消费过程中所发生的各种应收及暂付款项和应付及暂收款项。"成员往来"是一个双重性质的账户，是合作社债权、债务的结算账户。本科目核算合作社与其所属单位及成员之间的经济往来业务，合作社与其成员发生应收款项和偿还应付款项时，借记本科目，贷记"库存现金"、"银行存款"等科目；收回应收款项和发生应付款项时，借记"库存现金"、"银行存款"等科目，贷记本科目。合作社为其成员提供农业生产资料购买服务时，按实际支付或应付的款项，借记本科目，贷记"库存现金"、"银行存款"、"应付款"等科目；按为其成员提供农业生产资料购买而应收取的服务费，借记本科目，贷记"经营收入"等科目；收到成员给付的农业生产资料购买款项和服务费时，借记"库存现金"、"银行存款"等科目，贷记本科目。合作社为其成员提供农产品销售服务，收到成员交来的产品时，按合同或协议约定的价格，借记"受托代销商品"等科目，贷记本科目，按约定价格给付产品销售款时，借记本科目，贷记"库存现金"、"银行存款"等科目。本科目应当按照合作社成员名称设置明细科目，进行明细核算。根据各明细账户汇总的借方余额反映合作社成员欠合作社的款项总额，即合作社的债权数；贷方余额反映合作社欠其成员的款项总额，即合作社的债务数。"内部往来"总账账户的余额反映债权、债务轧差相抵后的净债权（借方余额）或净债务（贷方余额）总额。

【例2-2-3】 某果业合作社向成员李六提供果品专用肥20袋，每袋成本50元，售价每袋55元，价款暂欠。其分录为：

①销售生产资料时：

借：成员往来——李六　1 100

　贷：经营收入　1 100

②结转成本时：

借：经营支出　1 000

　贷：产品物资——果品专用肥　1 000

【例2-2-4】 成员李六向合作社借款5 000元用于生产周转，合作社通过银行转付。其分录为：

借：成员往来——李六　5 000

　贷：银行存款　5 000

【例2-2-5】 某养羊合作社以协议价收回成员养殖的价值为200 000元的羊200只，一月后出售收回价款300 000元，合作社取现金200 000元支付成员款项。其分录为：

①收回成员羊时：

借：经营支出　200 000

　贷：成员往来——×××　200 000

②销售羊时：

借：银行存款　300 000

　贷：经营收入　300 000

③提取现金时：

借：库存现金　200 000

　　贷：银行存款　200 000

④支付成员款项时：

借：成员往来——×××　200 000

　　贷：库存现金　200 000

【例 2-2-6】　年终，按成员大会决议，例 2-2-3、例 2-2-4 中的成员李六在合作社盈余分配时，按交易额比例可分 2 000 元，按股金分配可分 500 元。其分录为：

①分配时：

借：盈余分配——各项分配　2 500

　　贷：应付盈余返还——李六　2 000

　　　　应付剩余返还——李六　500

②将成员李六账户中的应收、应付款项转入成员往来科目时：

借：应付盈余返还——李六　2 000

　　应付剩余盈余——李六　500

　　贷：成员往来——李六　2 500

③李六以现金交回周转金尾欠时：

借：库存现金　3 600

　　贷：成员往来——李六　3 600

【例 2-2-7】　合作社年终清理欠款时，收回成员张三欠款 300 元。其分录为：

借：库存现金　300

　　贷：成员往来——张三　300

【例 2-2-8】　合作社以现金 2 000 元，归还暂借成员钱七款。其分录为：

借：成员往来——钱七　2 000

　　贷：库存现金　2 000

第三节　存货的核算

一、存货的管理、分类与计价

（一）存货的管理

农民合作社的存货是指在生产经营活动中持有以备出售的主成品和商品，处于生产过程中的在产品，在生产或提供劳务过程中消耗的各种材料或物资等。合作社的存货具体包括各种材料、种子、肥料、农药、燃料、机械零配件、包装物、在产品、农产品、半成品、产成品、受托代销商品、受托代购商品、委托代销商品、委托加工物资等。为了核算存货的出、入库及库存情况，在具体核算时，《农民专业合作社会计制度（试行）》中设置了"产品物资"、"委托加工物资"、"受托代销商品"、"受托代购商品"、"委托代销商品"5个一级会计账户。存货具有流动性强、管理难度大等特征，因此，合作社要强化对存货的管理，要建立健全采购业务内部控制制度，存货的管理制度和保管人员岗位责任制度等，明确审批人、经办人、领用人、管理人的权限、程序、责任和相关控制措施，定期对存货进行盘点，切实做到账实相符。

（二）存货的分类

农民合作社的存货按其经济内容的不同可分为以下11种：

1. 材料：指合作社为从事生产经营活动所购入或自制的各种农用材料及原材料。

2. 低值易耗品：指合作社所拥有的单位价值和使用年限达不到固定资产标准的劳动资料，包括各种用具和物品。

3. 在产品：指合作社尚未完成全部生产过程或虽已完成生产过程，但尚未验收入库的产品。

4. 产成品：指合作社已完成生产过程、并验收入库的产品。

5. 商品：指合作社购入的不需加工即可直接销售的物品。

6. 委托加工物资：指合作社委托外单位或个人加工的各种物资。

7. 委托代销商品：指合作社委托外单位或个人销售的各种商品。

8. 受托代购商品：指合作社接受所属单位或成员委托代为采购的商品。

9. 受托代销商品：指合作社接受所属单位或成员委托代为销售的商品。

10. 包装物：指合作社为包装产品或商品而制作、储备或使用的各种包装容器等。

11. 其他存货：指合作社拥有的以上 10 类不能包括的材料和物资。

（三）存货的计价

农民合作社存货的计价可分为进价和发出价两种。具体计价时应当遵循下列原则：

1. 存货入库的计价

（1）购入的物资按照买价（购入物资发票上的货款金额）加运杂费（包括运输费、装卸费、保险费等）、运输途中的合理损耗、入库前的挑选整理费用（包括挑选整理过程中发生的工、费支出和挑选过程中所发生的数量损耗、并扣除回收的下脚料价值）以及按规定应记入成本的税金和其他费用。

（2）自制的存货按照自制过程中发生的材料费、工资、加工费等实际支出计价。

（3）受托代购商品视同购入的物资计价。

（4）生产入库的农产品和加工的产成品按生产过程中发生的材料费、工资、加工费等各项实际支出计价。

（5）委托加工的物资验收入库时，按照委托加工物资的成本加上实际支付的运输费、保险费、装卸费和委托加工费及缴纳的税金等费用计价。

（6）受托代销商品按合同或双方协议约定的价格计价。

（7）委托代销商品按委托代销商品的实际成本计价。

（8）投资者投入的存货按照投资各方确认的价值计价。

（9）盘盈的存货按同类或类似存货的市场价格计价。

（10）接受捐赠的存货：如果捐赠方提供了有关凭据的，按凭据上表明的金额加上合作社支付的运输费、保险费、缴纳的税金等相关税费作为实际成本计价；如果捐赠方没有提供有关凭据，应当参照同类或类似存货的市场价格，估计出该存货的金额，加上为接受该项捐赠所支付的相关税费作为实际成本计价。

2. 存货出库的计价　存货的出库价原则上按入库的价格计算。但由于存货每次购入或生产完工转入的实际成本各异，存货的单位成本也随之发生变化，而且农民合作社的存货始终处于流动状况，原有的存货不断流出，新的存货又不断流入，因此，为了准确计算产品成本，加强合作社存货的核算，就必须确定具体的存货发出的计价方法。按照《农民专业合作社会计制度（试行）》的规定，合作社领用或者发出的存货，按照实际成本核算的，可以采用先进先出法、加权平均法、个别计价法等3种方法确定其出库实际成本。

（1）先进先出法。先进先出法是假定先入库的存货先出库，每次发出存货的单价按存货中最先入库的单价计算。如果所出库的同类存货的数量超过了库存中最先入库的同类存货的数量时，超过部分依次按后一批同类存货的入库价格计算。采用先进先出法，期末存货成本接近于近期物价水平。但在物价上涨的情况下，期末存货成本则为高价位成本，虽然前期计算的生产成本或销售成本较低，利润较大，但留待以后期间计算的生产成本或销售成本都偏高，这种情况不利于合作社产品的市场竞争，甚至会给合作社带来潜在的财务风险。因此，根据谨慎原则，物价上涨时，存货发出的计价可以考虑采用后进先出法。

（2）加权平均法。加权平均法是指以月初库存存货和本月收入存货的数量为权数，月末计算一次存货的平均单位成本作为发出存货实际成本的计价方法。其计算公式为：

$$\text{某种存货的平均单价} = \frac{\text{月初库存存货金额} + \text{本月入库存货金额}}{\text{月初库存存货数量} + \text{本月入库存货数量}}$$

采用月末加权平均法确定发出存货及期末存货的实际成本，消除了不同价格水平对存货成本的影响，但存货成本不能准确地反映现行成本水平，而且由于在月末计算发出存货平均单价和金额，平时不能登记结存存货金额，不便于存货与账目的及时核对。

（3）个别计价法。个别计价法又称分批辨认法，是指每发生一次存货入库，都要辨认该批存货的单价，以此确定发出存货的实际成本。采用这种方法要求必须具备各批存货的详细账簿记录，同时，存货实物上也必须相应地作价格记录。这一要求在实际工作中难以做到，因此，此方法只适用于对品种单一，单位价格较高且进货批次较少的存货的计价。采用个别计价法的优点是发出存货与其成本相对应，缺点是可以任意选用较高或较低的存货单位成本计价，人为地调节生产成本或销售成本，使本期损益虚增或虚减。

农民合作社可根据实际情况在上述 3 种存货发出的计价方法中选用一种，但存货的计价方法一经确定，就不能再随意变更。

二、产品物资的核算

农民合作社的产品物资包括库存物资和产成品两类。库存物资是指合作社购入、政府拨给或外单位、个人投入的种子、化肥等生产资料；产成品是指合作社通过直接经营活动获得的已经完成生产过程并验收入库、能够按合同规定交付订货单位或可以作为商品对外销售的各种农副产品和加工产品。为了反映和监督合作社产品物资的收发和结存情况，会计核算时，应当在总分类账中设置"产品物资"总账账户；为详细反映库存产品物资的拨入、入库和结存情况，应当按产品物资的类别设置明细账户，也可按库存产品物资的名称设置明细账户。合作社库存产品增加时，借记"产品物资"科目，贷记"库存现金"、"银行存款"、"应付款"、"成员往来"等科目；库存物资减少时，借记"生产成本"、"在建工程"、"管理费用"等科目，贷记本科目；销售库存产品时，借记"库存现金"、"银行存款"、"应收款"等科目，贷记"经营收入"科目，同时结转销售产品成本，结转时借记"经营支出"科目，贷记本科目。"产品物资"账户的余额在借方，反映合作社库存物资总额。

（一）产品物资日常收发业务的核算

产品物资日常收发的核算，主要依据日常收发过程中所取得的凭证，由会计和保管员共同监督管理。农民合作社产品物资的收入凭证主要有两类，一类是外来的，如银行、信用社的结算凭证、发货单等，另一类为自制的，如入库单、收料单等。

农民合作社外购物资，应当根据供应发票严格审核，由会计人员根据供货发票填写一式三联的"入库单"。其中第一联由保管员据以办理物资的验收入库手续，并登记产品物资明细账或固定资产明细账；第二联交送货单位或个人收执；第三联由会计作为记账凭证的附件。合作社自制材料和回收废料入库，也应当由会计人员填制一式三联的"入库单"，会计人员填写时必须详细记录材料的名称、规格、计量单位、数量、单价和金额等；保管人员要根据会计人员填写的入库单认真核对验收入库，并办理有关手续。如2017年1月10日，某养殖合作社购回饲料3 000千克，现货已运回。会计人员应当根据经手人交回的购买饲料的发票编制"入库单"如下：

第一联交由保管员据以验收入库并登记有关账簿，可填制为

表 2-9 所示。

表 2-9　入库单

交送单位或个人：×× 　　　　2017 年 1 月 10 日 　　　　第 × 号

品　名	规　格	单　位	数　量	单价（元）	金额	说　明
饲料	—	千克	3 000	2.00	6 000	
合计金额（大写）陆仟元整						

保管：×× 　　送交人：×× 　　会计：××

第二联交由供货单位或个人作为收执留存，如表 2-10 所示。

表 2-10　入库单

交送单位或个人：×× 　　　　2017 年 1 月 10 日 　　　　第 × 号

品　名	规　格	单　位	数　量	单价（元）	金额	说　明
饲料	—	千克	3 000	2.00	6 000	
合计金额（大写）陆仟元整						

会计：×× 　　保管：×× 　　送交人：××

第三联由会计人员留存，作为编制"记账凭证"的依据。如表 2-11 所示。

表 2-11　入库单

交送单位或个人：×× 　　　　2017 年 1 月 10 日 　　　　第 × 号

品　名	规　格	单　位	数　量	单价（元）	金额	说　明
饲料	—	千克	3 000	2.00	6 000	
合计金额（大写）陆仟元整						

会计：×× 　　保管：×× 　　送交人：××

农民合作社库存物资的发出，应由会计人员根据领料凭证，如领料单、汇总领料单、限额领料单等编制一式二联的"出库单"。第一联交由保管员据以办理物资出库手续，并登记产品物资明细账或固定资产明细账；第二联由会计人员留存作为记账凭证附件。如 2017 年 1 月 15 日，某果业合作社有关人员领取化肥1 000 千克，用于果树施肥。会计人员应当据此编制"出库单"如下：第一联由会计填制好后交经手人，保管员凭此联付出存货，可填制为表 2-12 所示。

表 2-12 出库单

领用单位或个人：××　　　　2017 年 1 月 15 日　　　　第×号

品　名	规　格	单　位	数　量	单价（元）	金　额	说　明	
化肥		千克	1 000	1.00	1 000		一保管员凭证
合计金额（大写）壹仟元整							

会计：××　　保管：××　　领用人：××

第二联由会计留存，作为编制记账凭证的依据。如表 2-13所示。

表 2-13 出库单

领用单位或个人：××　　　　2017 年 1 月 15 日　　　　第×号

品　名	规　格	单　位	数　量	单价（元）	金　额	说　明	
化肥		千克	1 000	1.00	1 000		二会计记账凭证
合计金额（大写）壹仟元整							

（二）库存物资的核算

1. 外购物资的核算　合作社外购材料，验收入库后，根据发票账单，确定材料成本，借记"产品物资——材料"科目，贷记"库存现金"、"银行存款"、"应付款"、"成员往来"等科目。

【例2-3-1】 某粮食生产合作社用银行存款购买玉米种子3 000千克，计价180 000元，购买化肥50 000千克，计价100 000元，入库备用。其分录为：

借：产品物资——玉米种子 180 000

产品物资——化肥 100 000

贷：银行存款 280 000

【例2-3-2】 某粮食加工合作社用银行存款购进原料一批入库备用：绿豆2 000千克、20 000元，黄豆10 000千克、50 000元，谷子35 000千克、100 000元。其分录为：

借：产品物资——绿豆 20 000

黄豆 50 000

谷子 100 000

贷：银行存款 170 000

【例2-3-3】 某苹果合作社为销售库存苹果，购进包装箱2 000个，每个5元，货款已用银行存款支付，运杂费和装卸费1 000元用现金支付。其分录为：

借：产品物资——包装箱 11 000

贷：银行存款——信用社 10 000

库存现金 1 000

2. 自制材料的核算 自制并验收入库的材料，按生产过程中发生的实际成本，借记"生产成本"等科目，贷记"产品物资"等科目。

【例2-3-4】 某养殖合作社加工饲料，用库存玉米3 000千克、计价5 000元，用现金2 000元购买豆饼、麦麸一批当即投入使用，用银行存款支付加工用电费1 000元，其分录为：

①用库存玉米时：

借：生产成本 5 000

贷：产品物资——玉米　5 000

②用现金购买加工材料时：

借：生产成本　2 000

　　贷：库存现金　2 000

③支付电费时：

借：生产成本　1 000

　　贷：银行存款　1 000

【例 2-3-5】 若例 2-3-4 中合作社自制饲料未随即投入使用，而是全部入库备用，则其会计分录为：

借：产品物资——饲料　8 000

　　贷：产品物资——玉米　5 000

　　　　库存现金　2 000

　　　　银行存款　1 000

3. 投资者投入物资的核算　投资者投入的材料，按投资各方协商确认的价值，借记"产品物资——材料"，贷记"股金"科目；其价值超过合作社章程规定比例的部分贷记"资本公积"科目。

【例 2-3-6】 某养殖合作社接受成员张三以玉米作为入社投资，双方协议作价为 10 000 元。会计分录为：

借：产品物资——玉米　10 000

　　贷：股金——张三　10 000

【例 2-3-7】 某养殖合作社接受成员赵四以玉米作为入社投资，双方协议价为 11 000 元，其中超出股金构成比例的 1 000 元作资本公积处理。会计分录为：

借：产品物资——玉米　11 000

　　贷：股金——赵四　10 000

　　　　资本公积——赵四　1 000

4. 生产领用物资的核算　合作社在生产经营过程中领用材料时，按实际成本借记"生产成本"、"经营支出"、"管理费用"

等科目，贷记"产品物资"科目。

【例 2-3-8】　某养殖合作社育肥畜领取自制饲料 5 000 千克，每千克成本 2 元。其分录为：

借：牲畜（禽）资产——幼畜及育肥畜——育肥畜　10 000

贷：产品物资——饲料　10 000

【例 2-3-9】　某果业合作社在生产过程中领用库存肥料价值 20 000 元。其分录为：

借：生产成本　20 000

贷：产品物资——化肥　20 000

【例 2-3-10】　某养殖合作社奶牛养殖领用库存饲料价值 5 000 元。其分录为：

借：生产成本　5 000

贷：产品物资——饲料　5 000

【例 2-3-11】　某粮食生产合作社播种时领用库存种子价值 10 000 元。其分录为：

借：生产成本　10 000

贷：产品物资——种子　10 000

5. 直接出售材料的核算　合作社出售材料，按已收或应收价格，借记"银行存款"、"应收款"科目，按实现的销售收入贷记"经营收入"。按材料实际成本借记"经营支出"，贷记"产品物资"科目。

【例 2-3-12】　某果业合作社销售果袋 50 000 个，每个 0.05 元，款收存银行，其成本为 1 500 元。会计分录为：

①收到价款时：

借：银行存款　2 500

贷：经营收入——商品销售收入　2 500

②结转成本时：

借：经营支出　1 500

贷：产品物资——果袋　1 500

【例 2-3-13】 某粮食生产合作社销售化肥 20 000 元,其中成员 15 000 元,非成员 5 000 元,该批化肥入库计价为 18 000 元。其分录为:

①销售时:

借:库存现金　20 000

　　贷:经营收入——商品销售收入　20 000

同时按成员实际购买量和金额登记成员明细账。

②出库时:

借:经营支出——商品销售　18 000

　　贷:产品物资——化肥　18 000

【例 2-3-14】 某养殖合作社出售饲料 10 000 千克,每千克 2.2 元,全部以现金结算,该批饲料成本为 20 000 元,其分录为:

①出售时:

借:库存现金　22 000

　　贷:经营收入——商品销售收入　22 000

②结转成本时:

借:经营支出——商品销售　20 000

　　贷:产品物资——饲料　20 000

【例 2-3-15】 某养殖合作社销售库存鸡蛋一批,收存款 50 000元,该批鸡蛋入库成本为 35 000 元;同时领用包装箱 2 000 个,每个包装箱成本 5 元。其分录为:

①销售实现时:

借:银行存款　50 000

　　贷:经营收入——产品销售收入　50 000

②结转成本时:

借:经营支出　45 000

　　贷:产品物资——鸡蛋　35 000

　　　　产品物资——包装箱　10 000

6. 盘盈、盘亏物资的核算 合作社盘盈产品物资时，借记"产品物资"科目，贷记"其他收入"科目；盘亏库存物资时，借记"其他支出"科目，贷记"产品物资"科目。

【例 2-3-16】 某果业合作社年终盘点时，盘亏果袋 500 个，每个成本为 0.035 元。其分录为：

借：其他支出 17.5

  贷：产品物资——果袋 17.5

【例 2-3-17】 某养殖合作社年终盘点时，盘盈饲料 100 千克，同批饲料成本价为每千克 2.00 元。其分录为：

借：产品物资——饲料 200

  贷：其他收入 200

（三）产成品的核算

1. 产成品生产的核算 合作社生产或加工农副产品时所发生的费用要通过"生产成本"账户进行汇集。即费用发生时借记"生产成本"、"经营支出"等科目，贷记"库存现金"、"银行存款"、"产品物资"等科目。

【例 2-3-18】 某蔬菜生产合作社，在生产中投入蔬菜种子价值 2 000 元、肥料 5 000 元、农药 1 000 元、人工费用 4 000 元。其分录为：

借：生产成本——蔬菜 12 000

  贷：产品物资——种子 2 000

    产品物资——肥料 5 000

    产品物资——农药 1 000

    应付工资——×× 4 000

【例 2-3-19】 某花卉合作社在育苗过程中投入库存化肥价值 1 000 元，农药价值 500 元，用现金支付水电费 500 元。其分录为：

借：林木资产——花卉 2 000

  贷：库存现金 500

产品物资——化肥 1 000

产品物资——农药 500

【例 2-3-20】 某核桃生产合作社在生产过程中投入库存化肥价值 3 000 元。其分录为：

借：生产成本——核桃 3 000

贷：产品物资——化肥 3 000

【例 2-3-21】 某养殖合作社，在养殖奶牛时投入库存饲料 10 000 元。其分录为：

借：生产成本——奶牛 10 000

贷：产品物资——饲料 10 000

【例 2-3-22】 某粮食加工合作社加工包装黄豆，共用库存黄豆 10 000 千克、25 000 元，包装箱 1 000 元，用现金支付临时雇用人员工资 3 000 元。其分录为：

借：生产成本——小杂粮 29 000

贷：产品物资——黄豆 25 000

产品物资——包装箱 1 000

库存现金 3 000

2. 产成品入库的核算 合作社自产产品入库时，以"生产成本"明细账户汇集的该产品实际成本借记"产品物资"科目，贷记"生产成本"科目。

【例 2-3-23】 某粮食生产合作社，收获小麦 50 000 千克入库，该批小麦汇集的生产成本为 80 000 元。其分录为：

借：产品物资——小麦 80 000

贷：生产成本——小麦 80 000

【例 2-3-24】 某果业合作社生产苹果 100 000 千克，入库待售。该批苹果已汇集成本 200 000 元。会计分录为：

借：产品物资——苹果 200 000

贷：生产成本——苹果 200 000

【例 2-3-25】 某粮食加工合作社，将加工包装好的小杂粮产品 500 箱入库，该批产品汇集成本为 20 000 元。其分录为：

　　借：产品物资——杂粮　20 000

　　　贷：生产成本——杂粮　20 000

3. 产成品销售的核算　合作社销售产成品时，按销售价值借记"库存现金"、"银行存款"、"应收款"等科目，贷记"经营收入"科目；同时要结转销售的产成品成本，结转时按其应承担的实际成本借记"经营支出"科目，贷记"产品物资"科目。

　　【例 2-3-26】　某粮食合作社出售已入库小杂粮 500 箱，每箱 60 元，款存银行，销售产品的成本为 20 000 元。其分录为：

　　①收到款项时：

　　借：银行存款　30 000

　　　贷：经营收入——产品销售收入　30 000

　　②结转成本时：

　　借：经营支出——杂粮　20 000

　　　贷：产品物资——杂粮　20 000

　　【例 2-3-27】　某粮食生产合作社销售库存小麦 50 000 千克，每千克 2.20 元，款收银行，该批小麦生产成本为 80 000 元。其分录为：

　　①出售产品时：

　　借：银行存款　110 000

　　　贷：经营收入——产品销售收入　110 000

　　②结转成本时：

　　借：经营支出——小麦　80 000

　　　贷：产品物资——小麦　80 000

　　【例 2-3-28】　某果业合作社销售库存核桃 20 000 千克，每千克 20 元，款收银行，该批核桃生产成本为 100 000 元。其分录为：

　　①出售产品时：

　　借：银行存款　400 000

贷：经营收入——产品销售收入　400 000

②产品出库时：

借：经营支出——核桃　100 000

贷：产品物资——核桃　100 000

4. 产成品盘盈、盘亏的核算　由于自然损耗和管理不善等原因，往往会导致合作社库存产成品的结存数与账面数不相符的情况。为了掌握库存产成品的数量和保管情况，做到账实相符，合作社应当定期对产成品进行清查盘点核对。合作社盘盈产成品时，借记"产品物资"科目，贷记"其他收入"科目。合作社盘亏产成品时，按盘亏产品应承担的成本借记"其他支出"科目，贷记"产品物资"科目；盘亏毁损库存产成品，若需向过失人或保险公司索赔时，借记"成员往来"或"应收款"科目，贷记"产品物资"科目；经审核批准，按实际价格扣除过失人或保险公司赔款后的差额借记"其他支出"科目，贷记"产品物资"科目；合作社收回过失人或保险公司赔款时借记"库存现金"等科目，贷记"成员往来"、"应收款"科目。

【例 2-3-29】　某粮食生产合作社年终盘库时，盘盈当年产小麦 500 千克，每千克成本为 1.60 元，共计 800 元；盘盈上年产玉米 100 千克，经查该玉米每千克成本为 1.20 元，共计 120 元。其分录为：

①盘盈当年产成品时：

借：产品物资——小麦　800

贷：其他收入　800

②盘盈上年产成品时：

借：产品物资——玉米　120

贷：其他收入　120

【例 2-3-30】　某果业合作社年终盘点时，盘亏当年入库苹果 500 千克，每千克计价 2.40 元，计 1 200 元；盘亏上年入库核桃 50 千克，每千克计价 20 元，计 1 000 元。经社员代表大会研究，决定上述损失保管员承担80%，合作社承担20%。保管员当即交回现金。其分录为：

①处理盘亏当年产品时：

借：成员往来——某保管员　960

　其他支出　240

　贷：产品物资——苹果　1 200

②处理盘亏往年产品时：

借：成员往来——某保管员　800

　其他支出　200

　贷：产品物资——核桃　1 000

③保管员交回现金时：

借：库存现金　1 760

　贷：成员往来——某保管员　1 760

三、委托加工物资的核算

农民合作社在生产经营过程中，经常会发生委托加工产品的业务。为准确核算这类义务，在会计核算中应当设置"委托加工物资"总分类账户进行核算。本账户核算合作社委托加工的各种产品物资的实际成本。发给外单位加工的产品物资，按其实际成本借记本科目，贷记"产品物资"科目。按合作社支付该项委托加工的全部费用（加工费、运杂费等），借记本科目，贷记"库存现金"、"银行存款"等科目。加工完成验收入库的产品物资，按加工收回物资的实际成本和剩余物资的实际成本，借记"产品物资"等科目，贷记本科目。本科目应当按照加工合同和受托加工单位等设置明细账，进行明细核算。本账户期末余额在借方，反映合作社委托外单位加工但尚未完工产品物资的实际成本。

【例2-3-31】 某粮食生产合作社委托为本社成员的农产品加工企业加工谷子2 500千克（每千克7.00元）进行加工包装，

用现金支付运输装卸费 500 元，用银行存款 2 000 元支付加工包装费。加工后验收入库。其分录为：

①发出农产品时：

借：委托加工物资——农产品加工企业　17 500

　贷：产品物资——谷子　17 500

②支付运输装卸、包装等费用时：

借：委托加工物资——农产品加工企业　2 500

　贷：库存现金　500

　　银行存款　2 000

③收回委托加工产品入库时：

借：产品物资——小米　20 000

　贷：委托加工物资——农产品加工企业　20 000

【例 2-3-32】　某合作社将收购的库存小麦 10 000 千克，计价 22 000 元，送面粉厂加工面粉，以现金 2 000 元支付加工费和运费。加工后，收到面粉 7 500 千克入库，另收麦麸 2 500 千克，每千克按 0.80 计价入账。其分录为：

①产成品出库时：

借：委托加工物资——加工厂　22 000

　贷：产品物资——小麦　22 000

②支付运费和加工费时：

借：委托加工物资——加工厂　2 000

　贷：现金　2 000

③收到面粉和麦麸入库时：

借：库存物资——面粉　22 000

　　库存物资——麦麸　2 000

　贷：委托加工物资——加工厂　24 000

【例 2-3-33】　某合作社将库存梨 10 000 千克，共计价款 20 000 元，送村办饮料厂加工饮料。加工后收回饮料 1 000 箱，加工过程中用存款 15 000 元支付加工包装费。其分录为：

①产品出库时：

借：委托加工物资——村办饮料厂　20 000

　　贷：产品物资——梨　20 000

②支付加工包装费时：

借：委托加工物资——村办饮料厂　15 000

　　贷：银行存款　15 000

③加工完毕收回饮料入库时：

借：产品物资——饮料　35 000

　　贷：委托加工物资——村办饮料厂　35 000

四、委托代销商品的核算

委托外单位或个人销售商品是农民合作社销售产成品的一种有效方式。为了准确核算合作社委托外单位或个人销售的各种商品的实际成本，在核算中要设置"委托代销商品"总账账户。发给外单位销售商品时，按委托代销商品的实际成本借记本科目，贷记"产品物资"等科目；支付运费等费用时，借记"经营支出"科目，贷记"库存现金"等科目；按应支付的手续费借记"经营支出"科目，贷记"应收款"科目；实际支付手续费时，借记"应收款"科目，贷记"库存现金"等科目。收到代销单位报来的代销清单时，按应收金额，借记"应收款"科目，按已确认的收入，贷记"经营收入"科目；同时要结转代销商品的实际成本，结转时按已实现收入的代销商品的实际成本借记"经营支出"等科目，贷记本科目；实际收到代销款时，借记"银行存款"等科目，贷记"应收款"科目。本账户应按代销商品或委托单位名称设置明细账户，进行明细核算。本账户余额在借方，反映合作社委托外单位销售但尚未收到代销商品款的商品的实际成本。

【例 2-3-34】某粮食加工合作社委托某超市销售已加工好的面粉 1 000 袋（每袋成本 60 元），双方协议销售价为每袋 85

元。合作社用现金支付运费 1 000 元，双方约定销售费用每袋 5 元，从销售款中扣除。现收到超市发回的已销售 500 袋的清单；全部销售后收到超市转来扣除费用后的销售款 75 000 元存银行。其分录为：

①产品出库时：

借：委托代销商品——某超市　60 000

　贷：产品物资——面粉　60 000

②支付运费时：

借：经营支出——面粉　1 000

　贷：库存现金　1 000

③计提销售费用时：

借：经营支出——面粉　5 000

　贷：应付款——某超市　5 000

④收到超市报回的清单（货款未到）时：

借：应收款——某超市　42 500

　贷：经营收入——面粉　42 500

⑤收到超市转来的扣除销售费用的售货款时：

借：银行存款　80 000

　贷：经营收入——面粉　42 500

　　应收款——某超市　37 500

⑥结转销售成本时：

借：经营支出——面粉　60 000

　贷：委托代销商品——某超市　60 000

五、受托代购商品的核算

受成员委托，为其代购商品是农民合作社的一项主要服务内容。为准确核算合作社为成员代购商品的情况，在核算时必须设置"受托代购商品"总账账户。合作社收到成员交来的受托代购商品款项时，借记"库存现金"、"银行存款"等科目，贷记"成员往来"科目；合作社购买受托商品时，借记本科目，贷记"库存现金"、"银行存款"、"应付款"等科目；合作社将受托代购商品交付委托方时，按代购商品的实际成本借记"成员往来"科目，贷记本科目；合作社向受托方收取服务费（手续费）时，借记"库存现金"、"银行存款"、"成员往来"等科目，贷记"经营收入"科目。本账户应当按照受托方名称设置明细账户，进行明细核算。本科目余额在借方，反映合作社受托代购的尚未交付委托方的商品的实际成本。

【例 2-3-35】 受成员委托，某粮食生产合作社向成员收取现金 50 000 元，为成员代购种子，约定收取服务费 2 000 元；合作社购买种子时用现金支付购置费、运费 45 000 元；合作社将购回的种子全部交付委托方，并将剩余款退还委托方。其分录为：

①收取委托购货款时：

借：库存现金　50 000

　　贷：成员往来——×××　50 000

②购买商品时：

借：受托代购商品——种子　45 000

　　贷：库存现金　45 000

③交付代购商品时：

借：成员往来——×××　45 000

　　贷：受托代购商品——种子　45 000

④收取服务费时：

借：成员往来——×××　2 000

　　贷：经营收入——服务收入　2 000

⑤退还结余款时：

借：成员往来——×××　3 000

　　贷：库存现金　3 000

六、受托代销商品的核算

为成员销售产品是农民合作社的一项重要职责。为准确核算合作社为成员代销产品的经济活动，合作社在核算中必须设置"受托代销商品"总账账户。合作社收到委托代销商品时，按双方约定的价格借记本科目，贷记"成员往来"科目；出售代销商品收回价款时，借记"库存现金"、"银行存款"、"应收款"等科目，按双方约定价格贷记本科目；若实际出售价大于双方约定价格时，按其差额贷记"经营收入"科目；若实际出售价小于双方约定价格时，按其差额借记"经营支出"科目。合作社按约定价格给付委托方货款时，借记"成员往来"科目，贷记"库存现金"、"银行存款"等科目。本账户应当按照委托方设置明细账户，进行明细核算。本科目余额在借方，反映合作社尚未售出的受托代销商品的实际成本。

【例 2-3-36】 某养殖合作社根据合同约定，按每千克 7.00 元收到成员受托代销的鸡蛋 2 500 千克，随即以每千克 7.20 元的价格统一出售给某超市，收到存款 18 000 元，提取现金按合同约定价格支付委托方。其分录为：

①按合同约定收到鸡蛋时：

借：受托代销商品——鸡蛋　17 500

　贷：成员往来——×××　17 500

②出售收到价款时：

借：银行存款　18 000

　贷：委托代销商品——鸡蛋　17 500

　　经营收入——服务收入　500

③提取现金时：

借：库存现金　17 500

　贷：银行存款　17 500

④兑付委托方价款时：

借：成员往来——×××　17 500
　　贷：库存现金　17 500

【例 2-3-37】　某果业生产专业合作社按合同约定的价格以每千克 3.50 元向成员收回成品果 50 000 千克，一月后以每千克 3.40 元出售，收到银行存款 170 000 元，货款全部取回并支付委托方，余额暂欠。其分录为：

①收回产品时：

借：受托代销商品——梨　175 000
　　贷：成员往来——×××　175 000

②出售收回价款时：

借：银行存款　170 000
　　经营支出——服务支出　5 000
　　贷：受托代销商品——梨　175 000

③提取现金时：

借：库存现金　170 000
　　贷：银行存款　170 000

④兑付货款时：

借：成员往来——×××　170 000
　　贷：库存现金　170 000

如果合作社为成员代销产品时，事先无约定价格，仅按实际代销额按比例收取服务费时，收到代销产品时，可不作价入账，仅在代销产品登记簿中进行登记，销售后按实际收到的价款借记"库存现金"、"银行存款"等科目，贷记"成员往来"科目，贷记"经营收入"科目。

【例 2-3-38】　某果业合作社为成员张三代销红枣 20 000 千克，销售后收到存款 100 000 元，按约定扣除每千克 0.10 元的服务费后，余款转付张三。其分录为：

①收到代销红枣时，不作账务处理，但要在代销商品登记簿中进行登记。

②收到销售现款时：

借：银行存款　100 000

　贷：成员往来——张三　100 000

③收到服务费时：

借：成员往来——张三　2 000

　　贷：经营收入——服务收入　2 000

④兑付销售款时：

借：成员往来——张三　98 000

　贷：银行存款　98 000

第四节　对外投资的核算

对外投资是指农民合作社根据国家的法律、法规和制度的规定，采用货币、实物、无形资产或者购买股票、债券等有价证券的方式向实行独立核算的单位的投资。

一、对外投资的管理与计价

（一）对外投资的管理

农民合作社根据国家法律、法规规定，可以采取货币资金、实物资产或者购买股票、债券等有价证券方式向其他单位或个人进行投资。合作社应当建立健全对外投资业务内部控制制度，明确审批人和经办人的权限、程序、责任和相关控制措施。

农民合作社对外投资业务（包括对外投资决策、评估及其收回、转让与核销），应当由理事会提交成员大会决策，任何个人不得擅自决定对外投资或者改变成员大会的决策意见。合作社应当加强对投资项目和投资额的控制，对外投资获取的利息、股利以及其他收益，都应当纳入会计账内核算，严禁设置账外账。

农民合作社应当建立对外投资责任追究制度，对在对外投资中出现的重大决策失误、未履行民主审批程序和不按规定执行对外投资业务的人员，应当追究相应责任。合作社应当对对外投资业务各环节设置相应的记录或凭证，加强对审批文件、对外投资合同或协议、投资方案书、对外投资有关权益证书、对外投资处置决议等文件资料的管理，明确各种文件资料的取得、归档、保管、调阅等各个环节的管理规定及相关人员的职责权限。合作社要建立有价证券管理制度，加强对各种有价证券的管理。要建立有价证券登记簿，详细记载各种有价证券的名称、券别、购买日期、号码、数量和金额。有价证券要由专人管理。

（二）对外投资的计价

农民合作社对外投资应当按照下列原则计价：

1. 以库存现金、银行存款等货币资金方式向其他单位投资时，按照实际支付的款项计价；以库存现金、银行存款认购的债券，按照实际支付的各种费用计价，包括所支付的手续费、交易费等；以库存现金、银行存款认购的股票，按实际支付的各种费用计价，包括支付的手续费和交易费等。如果所支付的款项中含已宣告发放但尚未支付的股利的，按照实际支付的款项扣除应收股利后的差价计价。

2. 以农业资产（含牲畜和林木资产）、实物、无形资产方式向其他单位投资时，按照评估确认或者合同、协议约定的价值计价。计价时必须做到真实、合理，不得高估或低估资产价值。

3. 对外投资取得的股利或利润、利息等按实际应收收益计价。

二、对外投资的核算

（一）对外投资的分类

农民合作社对外进行投资包括股票投资、债券投资和其他投资三种形式。

1. 股票投资　股票投资是指农民合作社通过出资购买股票，获取经济利益的一种投资。股票投资具有投资金额大、期限长、风险大以及能为投资者带来较大利益等特点。合作社可以作为认购对象购买股票，成为股份公司的股东。作为投资者，所关心的是其购买的股票获得较多的股利和股票本身的升值，但股票的升值及获得股利的多少，主要取决于股份公司的经营状况。因此，合作社应当重视股票投资是一种风险投资，一旦股份公司破产，投资者不仅分不到股利，而且还可能失去本金。

2. 债券投资　债券投资是指农民合作社通过购买其他单位或国家债券形式而进行的一种投资。债券是债务人为了筹集资金而发行的向债权人出具的允诺定期偿还借款本金和支付利息的一种债务证书，是一种有价证券。债券投资具有以下特点：①债券投资只能按约定的利息收取利息，到期收回本金；②债券投资可以转让，但在债券债务方约定的期限内一般不能要求债务单位提前偿还本金；③债券投资与其他债权一样，存在一定的风险。债券按发行者不同可划分为国家债券、金融债券和企业（公司）债券三种，国家债券信誉度高、风险最小，合作社对外投资时可优先选择。

3. 其他投资　其他投资是指农民合作社以货币资金、实物和无形资产等对外进行的投资。合作社在进行其他投资时，必须符合国家的有关规定，严格执行双方约定的合同协议。其他投资一经投出，除按合同规定期满或由于特殊原因外，一般不得抽回投资。

（二）对外投资的核算

为反映和监督农民合作社对外投资业务，在核算时应当设置"对外投资"总账账户。为明细反映投资情况，应当设置"股票投资"、"债券投资"、"其他投资"和"应计利息"四个二级会计科目进行明细核算。合作社购入有价证券或以实物等方式进行投资时，按照实际支付的价款或合同、协议约定的价值，借记"对外投资"科目，贷记"库存现金"、"银行存款"、"农业资产"、"固定资产"等科目。合作社以固定资产进行投资时，合同或协议约定的价值与原账面价值之间的差额，借记或贷记"资本公积"科目。合作社收回投资时，按实际收回的价款，借记"库存现金"、"银行存款"等科目，按原账面价值贷记"对外投资"科目；实际收回的价款与原账面价值之间的差额借记或贷记"投资收益"科目。合作社收到投资分利时，借记"库存现金"、"银行存款"等科目，贷记"投资收益"科目。投资发生损失时，按规定程序批准后，按照应由责任人和保险公司赔偿的金额，借记"应收款"、"成员往来"等科目，按照扣除由责任人和保险公司赔偿的金额后的净损失，借记"投资收益"科目，按照发生损失对外投资的账面余额，贷记本科目。"对外投资"账户的余额在借方，反映合作社尚未收回的对外投资总额。

1. 股票投资的核算 根据《农民专业合作社财务会计制度（试行）》的规定，合作社认购的股票，不能按股票的面值计价，而是要按实际支付的款项记入有关账户。如果实际支付的款项中含有已宣告发放但尚未支付的股利时，按实际支付的款项扣除其股利后的差额借记"对外投资——股票投资"科目，不单独核算应收未收的股利。转让和出售股票时，按原账面价值贷记"对外投资——股票投资"科目，实际收到的款项与原账面的差额借记或贷记"投资收益"科目。

【例 2-4-1】 某合作社以银行存款购入 A 公司发行的股票 2 000 股，每股售价 50 元，同时支付购买时的手续费 2 000 元。其分录为：

借：对外投资——股票投资 102 000

　　贷：银行存款 102 000

【例 2-4-2】 如果 A 公司根据当年情况，决定 50％的税后利润用于分红，每股 2.50 元，款存银行。其分录为：

①宣告股利时：

借：应收款——应收 A 公司股利　5 000

　　贷：投资收益　5 000

②实收股利时：

借：银行存款　5 000

　　贷：应收款——应收 A 公司股利　5 000

【例 2-4-3】　某合作社在 B 公司股票发行两年后，通过证券交易所购入该公司股票 5 000 股，票面价每股 30 元，实际购买价每股 20 元，计价 100 000 元，其中含 5 000 元为已宣告发放的股利，同时支付手续费 2 000 元，均以银行存款支付。其分录为：

借：对外投资——股票投资　102 000

　　贷：银行存款　102 000

【例 2-4-4】　如果 B 公司在 1 年后，分配股利 6 000 元，其中 5 000 元为合作社购入时所宣告未发放的股利，款存银行。其分录为：

借：银行存款　6 000

　　贷：投资收益　6 000

【例 2-4-5】　某合作社将原购入价为 50 000 元的 C 公司股票转让出售，售价为 55 000 元，款存银行。其分录为：

借：银行存款　55 000

　　贷：对外投资——股票投资　50 000

　　　　投资收益　5 000

【例 2-4-6】　如果 C 公司由于经营管理不善，出现经营亏损，股票下跌，股票转让价为 48 000 元，则分录为：

借：银行存款　48 000

　　投资收益　2 000

　　贷：对外投资——股票投资　5 000

2. 债券投资的核算　农民合作社购入的债券根据其面值与实际支付款项的情况，一般分为三种：一是平价发行，即按面值购入，认购者实际支付的款项与债券面值相等。二是溢价发行，即发行价大于面值，认购者实际支付的款项大于债券面值。三是折价发行，即发行价小于面值，认购者实际支付的款项小于债券面值。根据《农民专业合作社财务会计制度（试行）》的规定，无论哪一种情况，均按实际支付的款项计价。如果实际支付的款项中含有应计利息则按扣除应计利息后的差额计价。每年年末应根据债券的面值和利率计算本年应计利息。如果合作社购入的有价证券数额不大，可在债券到期后一次计算其利息，并计入"投资收益"账户。

对于溢价或折价购买时，债券在存续期间内应将购买价与面值之间的差额合理地摊销。即债券溢价应逐期在利息中扣除，债券折价应逐期转作利益收入。摊销的方法一般采用直线法，即将农民合作社购买债券的溢价或折价部分平均分摊到各期的一种摊销方法。

【例 2-4-7】　某合作社用银行存款 50 000 元购入 A 公司发售的 5 年期、面值为 50 000 元、年利率为 10％的债券，债券到期一次还本付息。其分录为：

①购入债券时：

借：对外投资——债券投资　50 000

　　贷：银行存款　50 000

②分年度计提应计利息时：

借：对外投资——应计利息　5 000

　　贷：投资收益　5 000

③到期收回本息时：

借：银行存款　75 000

　　贷：对外投资——债券投资　50 000

　　　　对外投资——应计利息　20 000

　　　　投资收益　5 000

【例 2-4-8】　某合作社以银行存款 100 000 元购入定期 3 年

面值为 97 000 元的 B 公司债券, 年利率为 10%, 到期一次还本付息。其分录为:

①购入债券时:

借: 对外投资——债券投资　100 000

　贷: 银行存款　100 000

②计算溢价部分的摊销额, 即每年的摊销额为 (100 000－97 000) ÷3＝1 000 元

③每年应计提的利息为:

$$97\ 000 \times 10\% = 9\ 700\ 元$$

④摊销溢价部分的会计分录为:

借: 对外投资——应计利息　9 700

　贷: 对外投资——债券投资　1 000

　　投资收益　8 700

⑤ 到期收回本息时的会计分录为:

借: 银行存款　126 100

　贷: 对外投资——债券投资　98 000

　　对外投资——应计利息　19 400

　　投资收益　8 700

⑥三年后一次还本付息的会计分录为:

借: 银行存款　126 100

　贷: 对外投资——债券投资　100 000

　　投资收益　26 100

【例 2-4-9】 某合作社用银行存款 48 000 元购入 C 公司发行的 3 年期面值为 60 000 元的债券, 年利率为 10%, 3 年后一次还本付息。其分录为:

①购买债券时:

借: 对外投资——债券投资　48 000

　贷: 银行存款　48 000

②计算折价部分的摊销额为:

$$(60\ 000-48\ 000)\div3=4\ 000\ 元$$

③每年应计利息：

$$60\ 000\times10\%=6\ 000\ 元$$

④每年实得利息为：

$$6\ 000+4\ 000=10\ 000\ 元$$

⑤按年计算应计利息和折价摊销的会计分录为：

借：对外投资——应计利息　6 000

　　对外投资——债券投资　4 000

　　贷：投资收益　10 000

⑥3年后还本付息时：

借：银行存款　78 000

　　贷：对外投资——债券投资　56 000

　　　　对外投资——应计利息　12 000

　　　　投资收益　10 000

3. 其他投资的核算　其他投资是指农民合作社以货币资金或实物资产等对外单位或个人进行的投资。根据《农民专业合作社财务会计制度（试行）》的规定，合作社以货币资金进行投资时，按实际支付的金额计价；以实物资产等进行投资时，按照原账面价值或评估确认以及合同或协议约定的价值计价。以合同或协议约定的价值计价时，协议价与原账面价值的差额在"资本公积"账户中进行调整。合作社收回投资时，如果实际收回的价值大于原账面投资价值，其差额作贷记"投资收益"科目的账务处理。如果实际收回的价值小于原账面投资价值，其差额作借记"投资收益"科目的账务处理。

【例 2-4-10】　某合作社用银行存款 100 000 元对某企业进行投资，投资期限为 3 年。当年获得投资分利 15 000 元，款存银行。其分录为：

①投资时：

借：对外投资——其他投资　100 000

　　　　贷：银行存款　100 000

　　②收到分红款时：

　　借：银行存款　15 000

　　　　贷：投资收益　15 000

【例 2-4-11】　某合作社将原值为 100 000 元、已提折旧 20 000 元的固定资产投资给某企业，当年分得红利 12 000 元，转增投资。其分录为：

　　①协议价为 80 000 元时：

　　借：对外投资——其他投资　80 000

　　　　累计折旧　20 000

　　　　贷：固定资产　100 000

　　②协议价为 100 000 元时：

　　借：对外投资——其他投资　80 000

　　　　累计折旧　20 000

　　　　贷：固定资产　100 000

　　同时：

　　借：对外投资——其他投资　20 000

　　　　贷：资本公积　20 000

　　③协议价为 60 000 元时：

　　借：对外投资——其他投资　60 000

　　　　累计折旧　20 000

　　　　资本公积　20 000

　　　　贷：固定资产　100 000

　　④将当年应分红款 12 000 元转增投资时：

　　借：对外投资——其他投资　12 000

　　　　贷：投资收益　12 000

【例 2-4-12】　某合作社收回到期投资。实收回原值为 50 000 元、账面已折旧 40 000 元的设备。原投资时协议价为 40 000 元。其分录为：

①收回资产时：

借：固定资产　50 000

　　贷：累计折旧　40 000

　　　　对外投资——其他投资　10 000

②处理资产净值与原投资差额时：

借：投资收益　30 000

　　贷：对外投资——其他投资　30 000

第五节　农业资产的核算

农民合作社的农业资产包括牲畜（禽）资产和林木资产等，主要包括幼畜及育肥畜、产畜及役畜、经济林木及非经济林木等。农民合作社农业资产的核算涉及"牲畜（禽）资产"和"林木资产"两个一级会计科目。

一、农业资产的计价

农民合作社的农业资产价值主要体现在生物成长期间增加了的价值，一般可按原始价值、饲养价值（培植价值）、摊余价值三种方法计价。原始价值是指购入农业资产的购买价及相关税费的总额，是实际发生的并具有支付凭证的支出。饲养价值是指幼畜及育肥畜和产役畜成龄之前在饲养过程中发生的饲养费用；培植价值是指经济林木投产前发生的培植费用和非经济林木郁闭前发生的培植费用。摊余价值是指农业资产的原始价值加饲养价值或培植价值减去农业资产累计摊销后的余额，其反映农业资产的现有价值。农民合作社的农业资产应当按照以下原则计价：

（1）购入的农业资产按照购买价、运杂费、包装费、保险费及相关可直接归属于购买资产的税费计价。

（2）幼畜及育肥畜的饲养费用按饲养期间的实际成本计价。

（3）经济林木在投产前的培植费用和非经济林木在郁闭前的培植费用按实际成本计价。

（4）产役畜和经济林木投产后，应将其成本扣除预计残值后的部分在其正常生产周期内采用直线法进行分期摊销，预计净残值率按照产役畜、经济林木价值的 5% 确定。

（5）已提足折耗但仍继续使用的产役畜和经济林木不再摊销。

（6）农业资产死亡、毁损时，应当按照规定程序批准后，按实际成本扣除应当由责任人或保险公司赔偿的金额后的余额，计入其他支出。

二、牲畜（禽）资产的核算

牲畜（禽）资产是指农民合作社直接经营的农业资产中的动物资产，主要包括幼畜和育肥畜、产畜和役畜等。为全面反映和监督合作社直接经营的牲畜（禽）资产的增减变化情况，在核算时应当设置"牲畜（禽）资产"总账账户；为详细反映牲畜（禽）资产的变动情况，在核算时应当设置"幼畜及育肥畜"、"产役畜"两个二级科目，并按牲畜（禽）种类设置明细账户，进行明细核算。合作社因购买、接受投资或接受捐赠等原因增加牲畜（禽）资产成本时，借记"牲畜（禽）资产"科目，贷记"库存现金"、"银行存款"、"股金"、"资本公积"、"应付款"等科目；合作社因出售、对外投资、死亡毁损等原因造成牲畜（禽）资产减少时，借记"经营支出"、"对外投资"、"其他支出"等科目，贷记"牲畜（禽）资产"科目。"牲畜（禽）资产"账户的期末余额在借方，反映合作社幼畜及育肥畜和产役畜的账面余额。

（一）牲畜（禽）资产增加的账务处理

农民合作社牲畜（禽）资产增加的渠道，主要包括购置、自繁、投资者投入和接受捐赠等。

【例 2-5-1】　某合作社购回总价值为 1 000 000 元的种猪和育肥仔猪，其中种猪价值 700 000 元，育肥崽猪价值 300 000 元，以银行存款支付 800 000 元，用现金支付运杂费等 50 000 元，余款暂欠。其分录为：

借：牲畜（禽）资产——幼畜及育肥畜——幼畜——
　　仔猪　315 000——产役畜——产畜——猪　735 000
　　贷：银行存款　800 000
　　　　库存现金　50 000
　　　　应付款——某猪厂　200 000

说明：种猪和仔猪的运杂费按总价值 1 000 000 元平均分摊，每 10 000 元应分摊 500 元。因种猪购买价为 700 000 元，因此分摊 35 000 元，所以其购买成本为 735 000 元；崽猪购买价为 300 000 元，因此分摊 15 000 元，所以其购买成本为 315 000 元。

【例 2-5-2】　某养殖合作社接受成员投入的牲畜——奶牛 5头，双方协议价 50 000 元。其分录为：

借：牲畜（禽）资产——产役畜——奶牛　50 000
　　贷：股金——×××　50 000

【例 2-5-3】　某养殖合作社收到县扶贫局捐赠的小尾寒羊 10只，经评估计价 20 000 元。其分录为：

借：牲畜（禽）资产——产役畜——羊　20 000
　　贷：专项基金　20 000

【例 2-5-4】　某养殖合作社收到县扶贫局以财政专项扶贫资金购买的种猪一批，价值 1 000 000 元。要求合作社带动贫困户 50 户，每户以 2 万元股金入社，每年以 10％的比例参加盈余分配。其分录为：

①收到种猪时：

借：牲畜（禽）资产——产役畜——产畜——猪　1 000 000
　　贷：专项应付款——专项扶贫资金　1 000 000

②收到贫困户名单时：

借：专项应付款——专项扶贫资金　1 000 000

　　贷：股金——×××（共 50 户）　1 000 000

（二）牲畜（禽）资产饲养费用的账务处理

按照《农民专业合作社会计制度（试行）》的规定，农民合作社对牲畜（禽）资产饲养费用的核算应当分别情况采取两种方法处理：一是将幼畜及育肥畜的饲养费用资本化，计入牲畜（禽）资产成本中，即发生幼畜和育肥畜的饲养费用时，借记"牲畜（禽）资产"科目，贷记"库存现金"、"库存物资"等科目；二是将产役畜的饲养费用成本化，计入当期损益中去，即发生产役畜饲养费用时，借记"经营支出"、"生产成本"科目，贷记"库存现金"、"应付工资"、"库存物资"等科目。

【例 2-5-5】　某养殖合作社在饲养育肥猪时，从仓库中领取饲料价值 20 000 元，本月应付饲养人员工资 6 000 元，用银行存款支付水电费等 4 000 元。其分录为：

借：牲畜（禽）资产——幼畜及育肥畜——猪　30 000

　　贷：产品物资——饲料　20 000

　　　　应付工资——×××　6 000

　　　　银行存款　4 000

【例 2-5-6】　某养殖合作社奶牛场支付饲料价值 30 000 元，用银行存款支付水电费 5 000 元，当月应付饲养人员工资 15 000 元。其分录为：

借：生产成本——奶牛　50 000

　　贷：银行存款　5 000

　　　　应付工资——×××　15 000

　　　　产品物资——饲料　30 000

【例 2-5-7】　某养殖合作社孵化雏鸡 10 000 只，在饲养过程中支付库存饲料价值 20 000 元，用现金支付防疫等费用 5 000 元。其分录为：

借：牲畜（禽）资产——幼畜及育肥畜——雏鸡　25 000

贷：产品物资——饲料　20 000

库存现金　5 000

（三）牲畜（禽）资产转群的账务处理

根据《农民专业合作社会计制度（试行）》的规定，幼畜在成龄前为牲畜（禽）资产中的幼畜及育肥畜，成龄后要转为产役畜，农民合作社对牲畜（禽）资产的转群要进行明细核算。发生牲畜（禽）资产转群业务时，借记"牲畜（禽）资产——产役畜"科目，贷记"牲畜（禽）资产——幼畜及育肥畜"科目。

【例 2-5-8】　某养殖合作社的 20 头幼牛成龄转为产畜，在饲养过程中共发生费用 200 000 元，其中饲养费用 50 000 元，购买费用 150 000 元，其分录为：

借：牲畜（禽）资产——产役畜——奶牛　200 000

贷：牲畜（禽）资产——幼畜及育肥畜——牛　200 000

【例 2-5-9】　例 2-5-7 中雏鸡转为产蛋鸡 8 000 只，余 2 000 只为肉鸡，账面汇集饲养费用为 100 000 元，该费用按养殖数量分摊，即：转为产蛋鸡的部分应分摊饲养费用为（8 000 ÷ 10 000）×100 000＝80 000 元，其分录为：

借：牲畜（禽）资产——产畜——蛋鸡　80 000

贷：牲畜（禽）资产——幼畜及育肥畜——鸡　80 000

（四）产役畜成本摊销的账务处理

根据《农民专业合作社会计制度（试行）》规定，农民合作社产役畜的成本扣除预计残值后的部分，应在其正常生产周期内按直线法进行摊销，预计净残值率按照产役畜成本的 5%确定。摊销时借记"经营支出"科目，贷记"牲畜（禽）资产"科目。

【例 2-5-10】　某养殖合作社饲养的幼猪成龄转为产畜，账面汇集的成本共计 200 000 元，预计净残值率 5%，预计可生产 5年。转为产畜后每年分摊成本的计算及会计分录为：

产畜成本的月摊销额的计算：

每年应摊销的金额＝200 000×（1－5％）÷5＝38 000

每月应摊销的金额＝38 000÷12＝3 167元

每月的会计分录为：

借：经营支出 3 167

　　贷：牲畜（禽）资产——产役畜——猪 3 167

（五）牲畜（禽）资产减少的账务处理

农民合作社牲畜（禽）资产减少的原因主要包括出售牲畜（禽）资产、以牲畜（禽）资产对外进行投资、牲畜（禽）资产死亡毁损三种。合作社应当分别不同情况进行账务处理。

1. 出售牲畜（禽）资产的账务处理　农民合作社出售牲畜（禽）资产取得收入时，借记"库存现金"、"银行存款"、"应收款"等科目，贷记"经营收入"科目。并按销售牲畜（禽）资产的实际成本借记"经营支出"科目，贷记"牲畜（禽）资产"科目。

【例2-5-11】　某养殖合作社将500头育肥猪出售，每头售价1 500元，计价750 000元，款存银行。出售育肥畜的账面汇集成本650 000元，其中仔猪购置费150 000元，饲养费用500 000元。其分录为：

①出售时：

借：银行存款 750 000

　　贷：经营收入——育肥猪 750 000

②结转牲畜（禽）资产成本时：

借：经营支出——育肥猪 650 000

　　贷：牲畜（禽）资产——幼畜及育肥畜——猪 650 000

【例2-5-12】　某养殖专业合作社出售淘汰蛋鸡10 000只，每只鸡售价10元，款存银行。账面摊余成本为90 000元。其分录为：

①出售时：

借：银行存款——××信用社　100 000

　　贷：经营收入——蛋鸡　100 000

②结转成本时：

借：经营支出——蛋鸡　90 000

　　贷：牲畜（禽）资产——产役畜——蛋鸡　90 000

【例 2-5-13】　某养殖合作社出售奶牛 10 头，收价款 50 000 元，款存银行，出售奶牛的牲畜（禽）资产的账面摊余成本为 24 000 元，其分录为：

①出售时：

借：银行存款　50 000

　　贷：经营收入——奶牛　50 000

②结转牲畜（禽）资产时：

借：经营支出——奶牛　24 000

　　贷：牲畜（禽）资产——产役畜——奶牛　24 000

2. 以牲畜（禽）资产对外投资的核算　农民合作社以牲畜（禽）资产对外投资时，按照双方协议价借记"对外投资"科目，贷记"牲畜（禽）资产"科目，协议价与牲畜（禽）资产账面价值之间的差额借记或贷记"资本公积"科目。

【例 2-5-14】　某养殖合作社以山羊 100 只，双方协议作价 100 000 元，投资于某食品加工厂，投资山羊的成本为 75 000 元。其分录为：

借：对外投资——某加工厂　100 000

　　贷：牲畜（禽）资产——幼畜及育肥畜——山羊　75 000

　　　　资本公积　25 000

【例 2-5-15】　某奶牛养殖合作社以账面价值为 60 000 元的淘汰奶牛 10 头，作价 50 000 元投资给某加工厂。其分录为：

借：对外投资——某加工厂　50 000

　　资本公积　10 000

　　贷：牲畜（禽）资产——产役畜——奶牛　60 000

3. 以牲畜（禽）资产死亡毁损的核算 农民合作社发生牲畜（禽）资产死亡毁损事项时，按规定程序批准后，按照过失人及保险公司应赔偿的金额，借记"成员往来"、"应收款"科目，如发生净损失，则按照扣除过失人和保险公司应赔偿金额后的净损失，借记"其他支出"科目，按照牲畜资产的账面余额，贷记本科目；如发生净收益，则按照牲畜资产的账面余额，贷记本科目，同时按照过失人及保险公司应赔偿的金额超过牲畜资产账面的余额，贷记"其他收入"科目。

【例 2-5-16】 某养殖合作社因病死亡育肥兔 50 只，其账面价值 1 000 元。其分录为：

借：其他支出　1 000

贷：牲畜（禽）资产——幼畜及育肥畜——兔　1 000

【例 2-5-17】 某养殖合作社因畜舍倒塌，压死种猪一头，账面摊余价值 2 000 元，保险公司调查后认定应赔偿 1 000 元，残值处理收现金 500 元。其分录为：

借：库存现金　500

其他支出　500

应收款——保险公司　1 000

贷：牲畜（禽）资产——产役畜——猪　2 000

三、林木资产的核算

农民合作社的林木资产是指农业资产中的植物资产，主要包括经济林木和非经济林木。为准确核算林木资产的变动和结存情况，合作社应设置"林木资产"总账账户，进行总分类核算；"林木资产"按照"经济林木"和"非经济林木"设置二级账户，按照林木的不同种类设置明细账户，进行明细分类核算。合作社因购买、营建、接受捐赠、投资等原因增加林木资产成本以及经济林木投产前和非经济林木发生的培植费用，借记"林木资产"科目，贷记"库存现金"、"银行存款"、"产品物资"、"资本公积"、"应付工资"、"股金"等科目;合作社发生因出售、对外投资、死亡等原因而减少林木资产成本,以及摊销林木资产成本业务时,借记"经营支出"、"对外投资"、"其他支出"等科目,贷记"林木资产"科目。"林木资产"账户的余额在借方,反映合作社购入或营造的林木资产的账面金额。

(一)林木资产增加的账务处理

农民合作社林木资产增加渠道主要包括购入林木资产、营造林木资产和接受捐赠林木资产三种。

【例 2-5-18】 某果业合作社购入枣树苗 3 万棵,计价 60 000元,以银行存款支付。其分录为:

借:林木资产——经济林木——枣树　60 000
　　贷:银行存款　60 000

【例 2-5-19】 某果业合作社栽植枣树时,用现金支付人工费用 5 000 元,用银行存款支付水电费 3 000 元。其分录为:

借:林木资产——经济林木——枣树　8 000
　　贷:库存现金　5 000
　　　　银行存款　3 000

【例 2-5-20】 某林业合作社收到县林业局捐赠的杨树 2 000棵,计价 5 000 元,用于路边植树,以现金 300 元支付运费,以现金 1 000 元支付植树工资。其分录为:

①收到捐赠树苗时:

借:林木资产——非经济林木——杨树　5 000
　　贷:专项基金——财政资金　5 000

②支付运费和人工费时:

借:林木资产——非经济林木——杨树　1 300
　　贷:库存现金　1 300

【例 2-5-21】 某果业合作社收到成员赵四以 5 亩*苹果园 20 年的经营权入股，双方协议价格 55 000 元，其中 50 000 元为入股资金、5 000 元为资本公积。其分录为：

借：林木资产——经济林木——苹果　55 000
　　贷：股金——赵四　50 000
　　　　资本公积——赵四　5 000

【例 2-5-22】 某林业合作社收到县林业局用财政资金投资建设的小型林场一座，提供的票据价值 500 000 元。其分录为：

借：林木资产——非经济林木——油松　500 000
　　贷：专项基金——国家投资　500 000

【例 2-5-23】 某果业合作社收到县扶贫局用财政专业扶贫资金建设的果园一座，提供的票据价值 800 000 元，要求带动贫困户 40 户，并以入股方式参加合作社，年终以每户股金额的 10% 固定分红。其分录为：

①移交果园时：

借：林木资产——经济林木——梨　800 000
　　贷：专项应付款——专项扶贫资金　800 000

②收到贫困户入股名单时：

借：专项应付款——专项扶贫资金　800 000
　　贷：股金——×××（共 40 户）　800 000

（二）林木资产培植费用的账务处理

按照《农民专业合作社会计制度（试行）》的规定，农民合作社购入或营造的经济林木投产前，非经济林木郁闭前发生的培植费用，应予以资本化，增加受益林木资产的成本价值。

【例 2-5-24】 某果业生产合作社培植投产前的苹果园时，领取库存农药及化肥 5 000 元，用现金支付人工费用 1 000 元。其

---

* 亩为非法定计量单位，1 亩＝1/15 公顷。——编者注

分录为：

借：林木资产——经济林木——苹果树 6 000
  贷：库存现金 1 000
    库存物资 5 000

【例 2-5-25】 某林业合作社管护路旁未郁闭杨树，用现金支付白灰价款 500 元，支付临时人员工资 1 000 元，当月应付护林队人员工资（固定人员）2 000 元。其分录为：

借：林木资产——非经济林木——杨树 3 500
  贷：库存现金 1 500
    应付工资——×× 2 000

（三）林木资产管护费用的账务处理

农民合作社应将林木资产的管护费用成本化，核算时应当分别情况作账务处理：一是非经济林木在郁闭后发生的管护费用，借记"其他支出"科目，贷记"库存现金"、"库存物资"、"应付工资"等科目；二是经济林木投产后的管护费用，借记"生产成本"科目，贷记"库存现金"、"产品物资"、"应付工资"等科目。林木资产进入投产期或达郁闭标准时，在会计核算上不做账务处理，只在林木资产登记簿内登记备查。

【例 2-5-26】 某果业生产合作社统一经营的、进入生产期的苹果园在生产过程中使用库存化肥 5 000 元、农药 1 500 元，果袋 1 500 元，用现金支付灌溉费 3 000 元，应付人员工资（固定人员）5 000 元。其分录为：

借：生产成本——苹果 16 000
  贷：库存现金 3 000
    应付工资——×× 5 000
    产品物资——化肥 5 000
    产品物资——农药 1 500
    产品物资——果袋 1 500

【例 2-5-27】 某林业合作社支付路旁已郁闭的杨树防治病虫

害费用 1 000 元，以现金支付，当月应付护林队人员工资 500 元。其分录为：

借：其他支出 1 500

贷：库存现金 1 000

应付工资——××× 500

（四）经济林木成本摊销的账务处理

按照《农民专业合作社会计制度（试行）》的规定，农民合作社的经济林木投产后，其成本扣除预计残值后的部分应在其正常生产周期内采取直线法摊销，预计净残值率按照经济林木成本的 5%确定。摊销时借记"经营支出"科目，贷记"林木资产——经济林木"科目。

【例 2-5-28】 某果业生产合作社的果园在投产前累计发生各项费用共计 150 000 元，现进入生产期，预计可正常生产 15 年，计算每年应摊销的成本额，并做账务处理。其分录为：

①应摊销成本额的计算：

每年应摊销成本额＝150 000×（1－5%）÷15＝9 500

②做当年账务处理时：

借：经营支出——经济林木——梨 9 500

贷：林木资产——经济林木——梨 9 500

（五）林木资产减少的账务处理

农民合作社林木资产减少的主要原因是出售林木资产、以林木资产进行投资、林木资产死亡毁损等，合作社核算时应当根据减少原因的不同分别做账务处理。

1. 出售林木资产的账务处理 农民合作社出售林木资产取得收入时，借记"库存现金"、"银行存款"、"应收款"等科目，贷记"经营收入"科目。并按销售"林木资产"账户中汇集的实际成本借记"经营支出"科目，贷记"林木资产"科目。

【例 2-5-29】 某林业合作社经批准销售杨树 1 000 棵，收到银行存款 300 000 元、现金 10 000 元。出售杨树的账面成本为 80 000 元。其分录为：

①收到价款时：

借：库存现金　10 000

　　银行存款　300 000

　　　贷：经营收入——杨树　310 000

②结转成本时：

借：经营支出——杨树　80 000

　　　贷：林木资产——非经济林木——杨树　80 000

【例 2-5-30】　某果业合作社将统一经营的苹果园出售给成员王五，双方协议价 150 000 元，李飞以银行存款支付 130 000 元、余 20 000 元暂欠。出售果园的摊余成本为 90 000 元。其分录为：

①出售时：

借：银行存款　130 000

　　成员往来——李飞　20 000

　　　贷：经营收入——苹果园　150 000

②结转摊余成本时：

借：经营支出——苹果园　90 000

　　　贷：林木资产——经济林木——苹果树　90 000

2. 以林木资产对外投资的账务处理　农民合作社以林木资产对外投资时，按照合同协议价借记"对外投资"科目，贷记本科目，协议价与林木资产账面汇集的实际成本之间的差额，借记或贷记"资本公积"科目。

【例 2-5-31】　某果业合作社以核桃园一座投资给某食品加工厂，双方协议价 200 000 元，该果园摊余成本为 130 000 元。其分录为：

借：对外投资——某食品加工厂　200 000

　　　贷：林木资产——经济林木——核桃　130 000

　　　　　资本公积　70 000

【例 2-5-32】 例 2-5-31 中若双方协议价为 100 000 元时，其分录为：

借：对外投资——某食品加工厂　100 000

　　资本公积　30 000

　　贷：林木资产——经济林木——核桃　130 000

【例 2-5-33】 某林业合作社以已郁闭杨树一批，作价 100 000 元，投资给某企业，账面汇集成本 20 000 元。其分录为：

借：对外投资——某企业　100 000

　　贷：林木资产——非经济林木——杨树　20 000

　　资本公积　80 000

3. 林木资产毁损死亡的账务处理　农民合作社发生林木资产毁损死亡时，按照规定程序批准后，按过失人及保险公司应赔偿的金额，借记"成员往来"、"应收款"科目，贷记"林木资产"科目；对产生的净损失，借记"其他支出"科目，贷记"林木资产"科目；产生的净收益，借记"成员往来"、"应收款"科目，贷记"其他收入"科目；收到赔偿款时，借记"库存现金"、"银行存款"等科目，贷记"成员往来"、"应收款"等科目。

【例 2-5-34】 某果业合作社梨园因冻害死亡梨树 10 棵，其账面摊余价值为 1 000 元。其分录为：

借：其他支出　1 000

　　贷：林木资产——经济林木——梨树　1 000

【例 2-5-35】 村民张某毁损合作社已郁闭的杨树 5 棵，经讨论决定由其赔偿 300 元，款暂欠，该杨树成本费用为 150 元。其分录为：

借：应收款——张某　300

　　贷：其他收入　150

　　　林木资产——非经济林木——杨树　150

第六节　固定资产的核算

一、固定资产的概念及特征

固定资产是指使用年限较长、单位价值较高，并在使用过程中能够保持原有实物形态基本不变的劳动资料。固定资产参与生产过程有两个主要特征：一是固定资产在参与多个生产过程中，可以基本保持原有的实物形态，能够连续在若干个生产周期中发挥作用；二是固定资产的价值随着其在再生产过程中的磨损，逐渐以折旧形式转移到产品成本中去。

根据《农民专业合作社会计制度（试行）》规定，农民合作社的房屋、建筑物、机器、设备、工具、农业基本建设设施等劳动资料，凡使用年限在 1 年以上、单位价值在 500 元以上的列为固定资产。有些主要工具和设备，单位价值虽低于规定标准，但使用年限在 1 年以上也可列为固定资产。不同时具备这两个条件的劳动资料，称其为低值易耗品，视同产品物资处理。

二、固定资产的分类

对固定资产进行科学分类，是准确核算和提高固定资产管理水平的前提。农民合作社的固定资产按其用途一般可分为以下五类：

（一）生产用固定资产

生产用固定资产是指直接参加生产经营过程或直接为生产经营活动服务的各种固定资产。具体包括 6 类：

1. 房屋和建筑物类：指生产经营活动中使用的仓库、厂房、办公室、畜舍等。

2. 机械动力设备类：指生产经营活动中使用的电动机、拖拉机、联合收割机等。

3. 农机具类：指生产经营活动中使用的脱粒机、耧耙、山地犁等。

4. 运输设备类：指用于载人和运货的各种运输工具，如汽车、小平车、拖拉机等。

5. 水电设备类：指各种水利和电气设备，如抽水机、机井、变压器、配电设备等。

6. 管理用具类：指管理和服务于生产过程中的各种用具，如文件柜、办公桌、电脑、电话机、磅秤等。

（二）非生产用固定资产

非生产用固定资产是指不直接为生产经营过程服务的固定资产。如宿舍、食堂、电视机等。

（三）出租和租入的固定资产

出租的固定资产，是指农民合作社以收取租金的方式租给外单位或个人使用的固定资产。租入的固定资产，是指农民合作社通过融资租赁的方式租入的机器、设备等固定资产。

（四）未使用的固定资产

未使用的固定资产，是指尚未使用的新增固定资产、进行改建扩建的固定资产以及经批准停止使用的固定资产。由于季节性生产或因大修等原因暂时停止使用的固定资产，不属于未使用固定资产的范围。

（五）不需用固定资产

不需用固定资产，是指不适合农民合作社使用待处理的各种固定资产。

三、固定资产的计价

农民合作社对固定资产的核算，不仅要从数量方面对固定资产的增、减变化及结存情况进行实物核算，而且还必须从价值方面对固定资产的增、减变化及结存情况进行货币核算。为了准确以货币价值方式进行核算，合作社必须采用科学方法，对固定资产进行货币计量。

（一）固定资产的计价方法

对固定资产的计价，农民合作社要根据不同情况分别按原始价值、重置完全值价和净值计价。

1. 按原始价值计价　固定资产的原始价值也称原值，是指农民合作社在购置、建造或通过其他方式取得固定资产时的全部支出。一般包括固定资产的购买价、建造价、运杂费和安装费等。

2. 按重置完全价值计价　固定资产的重置完全价值，是指在当前的生产和市场条件下，重新购置和建造该项固定资产的全部支出。这种计价方法一般不用，只是在出现无法确定某些固定资产的原始价值或由于经济条件的变化及其他原因使固定资产的账面价值与实际价值发生较大差异的情况下，经有关部门批准后才能按重置完全价值计价。在实际工作中一般适用于以下两种情况：一是接受捐赠时，对方无法提供固定资产原账面价值；二是盘盈固定资产时采用。

3. 按净值计价　固定资产的净值，是指固定资产的原值减去已提折旧后的余额。固定资产净值反映固定资产的现值，是分析固定资产实际占用资金数额的重要依据。

（二）固定资产原值的确定

农民合作社应当根据《农民专业合作社财务制度（试行）》的规定，对从不同渠道取得的固定资产，采取不同的计价方法确定其原始价值。结合固定资产的计价方法，合作社应当按照下列原则确定固定资产原始价值。

1. 购入不需要安装的固定资产，按购买价加采购费、包装费、运杂费、保险费等计价；购入需要安装或改装的固定资产，还应当加上安装费或改装费。

2. 新建的农业基本建设设施、房屋、建筑物等固定资产，按竣工验收交付使用的决算价计价。决算价包括耗用的原材料、聘请的技术人员和本单位人员的工资等实际支付的各项费用。

3. 改造、扩建的固定资产，按原有固定资产的价值，加上改造、扩建而增加的费用，减去改造、扩建工程中发生的变价收入计价。

4. 接受捐赠的固定资产，按发票所列金额加上实际发生的包装费、运杂费、保险费、安装费等计价；没有发票单据的，按同类固定资产的市场价计价。接受捐赠的旧固定资产，按照经过批准的评估价值或双方确认的价值计价。

5. 投资者投入的固定资产，按双方协议价加上实际支付的包装费、运杂费和安装费等计价。

6. 盘盈的固定资产，按同类资产的市场价计价。

四、固定资产核算使用的账户

农民合作社对固定资产的核算，应当设置"固定资产"、"在建工程"、"累计折旧"和"固定资产清理"四个总分类账户。

1. "固定资产"账户 "固定资产"总账账户反映和监督农民合作社固定资产增减变动及结存情况，固定资产增加时，借记"固定资产"科目，贷记"银行存款"、"库存现金"、"在建工程"、"股金""资本公积"、"专项基金"等科目；固定资产减少时，借记"对外投资"、"固定资产清理"、"累计折旧"、"股金"、"其他支出"等科目，贷记"固定资产"科目。合作社应当按照固定资产的名称或类别，设置明细账户进行明细核算。"固定资产"账户的余额在借方，反映合作社拥有的固定资产总额。

2. "在建工程"账户 "在建工程"总账账户反映和监督农民合作社为购入和建造固定资产所发生的各种费用，自制自建的固定资产及购入需安装的固定资产应当通过"在建工程"账户结算。合作社发生自制自建或购入需安装的固定资产事项时，借记

"在建工程"科目，贷记"库存现金"、"银行存款"等科目；完工投入使用结转固定资产时，借记"固定资产"科目，贷记"在建工程"科目。"在建工程"账户应当按工程项目或购入资产的名称设置明细账户进行明细核算。"在建工程"账户的余额在借方，反映合作社尚未完工的在建工程项目的实际支出总额。

3. **"累计折旧"账户**　"累计折旧"总账账户反映和监督农民合作社固定资产累计折旧情况，按照财务制度规定计提折旧时，借记"生产成本"、"管理费用"、"其他支出"等科目，贷记"累计折旧"科目；因出售、报废等原因引起固定资产减少需冲销已提折旧时，借记"累计折旧"科目，贷记"固定资产"科目。"累计折旧"账户余额在贷方，反映合作社已计提的固定资产累计折旧额。

"固定资产"账户与"累计折旧"账户之间存在着内在的平衡关系，即：

"固定资产"账户余额－"累计折旧"账户余额＝固定资产净值

4. **"固定资产清理"账户**　"固定资产清理"总账账户反映和监督农民合作社因出售、报废和毁损等原因转入清理的固定资产净值及其在清理过程中发生的清理费用和变价收入情况，合作社发生因出售、捐赠、报废和毁损等原因转入清理的固定资产业务时，以固定资产净值借记"固定资产清理"科目，同时以该资产已折旧额借记"累计折旧"科目，贷记"固定资产"科目；在清理过程中发生的各项清理费用，借记"固定资产清理"科目，贷记"库存现金"、"银行存款"等科目；在清理过程中收回出售固定资产价款以及清理过程中发生的残值变价收入和过失人、保险公司赔偿的款项，借记"库存现金"、"银行存款"、"应收款"、"成员往来"等科目，贷记"固定资产清理"科目。"固定资产清理"账户余额在贷方时，反映清理该项固定资产的净收益；"固定资产清理"账户余额在借方时，反映清理该项固定资产的净损失。固定资产清理完毕后，应及时对"固定资产清理"账户余额进行结转，结转净收益时，借记"固定资产清理"科目，贷记"其他收入"科目；结转净损失时，借记"其他支出"科目，贷记"固定资产清理"科目。结转后"固定资产清理"账户应无余额。

五、固定资产的核算

(一) 固定资产增加的核算

农民合作社固定资产增加的渠道主要包括：购置固定资产、自制自建固定资产、接受捐赠的固定资产、投资者投入固定资产、盘盈固定资产等。

1. 外购固定资产的账务处理　农民合作社在核算外购固定资产时，一般可分两种情况：一是购入需要安装的固定资产时，在购置安装过程中的费用成本，要先通过"在建工程"账户进行汇集，安装完毕正式交付使用时，再转入"固定资产"账户。二是购入不需要安装、可直接交付使用的固定资产时，直接在"固定资产"账户进行核算，不通过"在建工程"账户结转。

【例 2-6-1】　某粮食加工合作社以银行存款 20 000 元购买加工设备一台。取回现金 1 000 元，支付运杂费、安装费 1 000 元。其分录为：

①购买设备时：

借：在建工程——设备　20 000

　　贷：银行存款　20 000

②提取现金时：

借：库存现金　1 000

　　贷：银行存款　1 000

③支付运杂费、安装费时：

借：在建工程——设备　1 000

贷：库存现金　1 000

④交付使用时：

借：固定资产——设备　21 000

　　贷：在建工程——设备　21 000

【例 2-6-2】 某农机合作社购买小麦收割机一台，用银行存款支付价款 60 000 元，享受政府补贴 40 000 元。其分录为：

借：固定资产——收割机　100 000

　　贷：银行存款　60 000

　　　专项基金——国家投资　40 000

2. 自制、自建固定资产的账务处理　自制、自建的固定资产，主要指农民合作社自建的办公室（楼）、仓库、畜（禽）舍等房屋。这类资产都有一个建设过程，在此期间所发生的各种费用都要通过"在建工程"账户进行汇集，建造完工经验收交付使用时，结转到"固定资产"账户。

【例 2-6-3】 某农产品贮运合作社建仓库一座，使用库存材料价值 100 000 元；用银行存款购各种材料价值 200 000 元；取现金 50 000 元支付工人工资 40 000 元，运杂费 10 000 元。现建成投入使用。其分录为：

①使用库存材料时：

借：在建工程——仓库　100 000

　　贷：产品物资——材料　100 000

②外购材料时：

借：在建工程——仓库　200 000

　　贷：银行存款　200 000

③取现金时：

借：库存现金　50 000

　　贷：银行存款　50 000

④支付工资及运杂费时：

借：在建工程——仓库　50 000

贷：库存现金 50 000

⑤经验收交付使用时：

借：固定资产——仓库 350 000

　　贷：在建工程——仓库 350 000

【例2-6-4】 例2-6-3中合作社建造仓库时，如果采用发包的形式，发包给某工程队建造。合同约定，开始施工时，按工程总造价350 000元的60%即210 000元预付，完工后经验收合格交付使用时结清余款140 000元。其分录为：

①预付款时：

借：在建设工程——仓库 210 000

　　贷：银行存款 210 000

②验收合格付清余款时：

借：在建工程——仓库 140 000

　　贷：银行存款 140 000

③结转固定资产时：

借：固定资产——仓库 350 000

　　贷：在建工程——仓库 350 000

3. 改扩建固定资产的账务处理 农民合作社在原有固定资产基础上进行改造、扩建，按改造、扩建工程发生的费用，借记"在建工程"科目，贷记"库存现金"、"银行存款"、"产品物资"等科目；改建、扩建工程中发生的变价收入借记"库存现金"、"银行存款"、"应收款"等科目，贷记"在建工程"科目，改建扩建工程完工后按"在建工程"账户中汇集的工程成本借记"固定资产"科目，贷记"在建工程"科目。

【例2-6-5】 某果业生产合作社对本社冷库进行扩建，该冷库账面原值为1 000 000元，已提折旧500 000元，在扩建过程中用银行存款支付承包费300 000元，用现金100 000元支付工人工资，收回废料变价收入50 000元，其会计分录为：

①支付承包费时：

借：在建工程——冷库　300 000

　　贷：银行存款　300 000

②支付工人工资时：

借：在建工程——冷库　100 000

　　贷：库存现金　100 000

③收回废料时：

借：库存现金　50 000

　　贷：在建工程——冷库　50 000

④转为固定资产时：

借：固定资产——冷库　350 000

　　贷：在建工程——冷库　350 000

扩建后，该冷库的账面价值为 1 350 000 元，即原账面原值
1 000 000 元与改扩建费用 350 000 元之和。

4. 接受捐赠固定资产的账务处理　农民合作社接受捐赠固
定资产时，对于无偿捐赠的全新固定资产只反映原值，核算时借
记"固定资产"科目，贷记"专项基金"等科目。对于无偿捐赠
的已使用过的旧固定资产，应按照同类固定资产的市场价格或根
据提供的有关凭据确定的金额作为固定资产原价登记入账。

【例 2-6-6】　某农机服务合作社收到某企业捐赠的全新收割
机一台，价值 100 000 元。其分录为：

借：固定资产——收割机　100 000

　　贷：专项基金——捐赠　100 000

【例 2-6-7】　某运输服务合作社收到某企业捐赠的已使用过
的运输设备一台，根据市场情况确认该运输设备重置完全价为
150 000 元，现作价 100 000 元。其分录为：

借：固定资产——运输设备　100 000

　　贷：专项基金——捐赠　100 000

【例 2-6-8】　某果业合作社收到某单位捐赠的全新设备一台，
价值 50 000 元，合作社用现金支付运杂费、安装费 2 000 元。其

分录为：

①收到设备时：

借：在建工程——设备 50 000

　　贷：专项基金——捐赠 50 000

②支付运杂费、安装费时：

借：在建工程——设备 2 000

　　贷：库存现金 2 000

③转为固定资产时：

借：固定资产——设备 52 000

　　贷：在建工程——设备 52 000

5. 投资者投入固定资产的账务处理　农民合作社收到投资者投入的固定资产时，按照投资各方确认的价值，借记"固定资产"科目，按照经过批准的投资者所拥有以合作社注册资本份额计算的资本金额，贷记"股金"科目，按照两者之间的差额，借记或贷记"资本公积"科目。

【例 2-6-9】　养猪户李六以猪舍原价 100 000 元投入到某养猪合作社，现双方协议价为 90 000 元。按照合作社的章程批准李河入社的股金为 50 000 元，其会计分录为：

借：固定资产——猪舍 90 000

　　贷：股金——李六 50 000

　　　　资本公积——李六 40 000

【例 2-6-10】　某养殖合作社收到某单位投入的价值为 100 000 元的羊舍一座，该投资不作入股资金，但要以投资资金参与合作社分红。其分录为：

借：固定资产——羊舍 100 000

　　贷：资本公积——某单位 100 000

【例 2-6-11】　某单位将用财政资金投资建造的仓库一座，票据反映价值 500 000 元，交回某农产品贮运合作社经营、管理、核算。其分录为：

借：固定资产——仓库　500 000
　　贷：专项基金——国家投资　500 000

【例2-6-12】 某养殖合作社收到县扶贫局用财政资金建设的养猪场一座，提供的票据价值1 000 000元，作为专项扶贫资金，要求带动贫困户50户，并以每户2万元股金入社，以年10%的比例参加固定分红。其分录为：

①收到资产时：

借：固定资产——养猪场　1 000 000
　　贷：专项应付款——专项扶贫资金　1 000 000

②收到贫困户名单时：

借：专项应付款——专项扶贫资金　1 000 000
　　贷：股金——×××（共50户）　1 000 000

6. 租赁固定资产的账务处理　农民合作社因生产经营活动的需要，经常会发生租赁固定资产事项，这类业务的发生使合作社可使用的固定资产增加。按租赁期满后资产的所有权是否发生转移，可将合作社租赁固定资产的业务分为经营租赁和融资租赁两种。经营租赁是指合作社租入的固定资产在租赁期满后不发生资产所有权转移的业务，在会计核算中这类资产只在设备登记簿中登记，不能作为合作社的固定资产登记入账，对使用期间发生的租金借记"经营支出"、"管理费用"、"其他支出"等科目，贷记"应付款"、"成员往来"、"银行存款"等科目；发生的修理费借记"经营支出"、"管理费用"、"其他支出"等科目，贷记"银行存款"、"库存现金"等科目。融资租赁是指出租人按承租人要求出资购买设备，要在较长的租赁期内提供给承租人使用的业务。其特点是承租人按约定付清最后一笔租金，该项固定资产的所有权归承租人所有。这类业务的实质是合作社通过分期付款购买固定资产，因此在会计核算中要视为自有固定资产在账内核算其原值、修理费和折旧情况。合作社以融资租赁方式租入固定资产时借记"固定资产——融资租入固定资产"科目，贷记"长期借款——应付融资租赁费"科目；支付租赁费时借记"长期借款——应付融资租赁费"科目，贷记"银行存款"等科目；按约定支付利息时借记"其他支出"科目，贷记"银行存款"等科目。

【例2-6-13】 某果业合作社租赁某公司冷库一座，合同约定租期一年，年租金为100 000元，在使用过程中用现金支付维修费1 600元，年末以银行存款支付租金100 000元，其分录为：

①租入冷库时：

借：经营支出   100 000

　　贷：应付款——×公司   100 000

②支付修理费时：

借：经营支出   1 600

　　贷：库存现金   1 600

③转付租金时：

借：应付款——×公司   100 000

　　贷：银行存款   100 000

【例2-6-14】 某合作社以融资租赁方式租入需安装的加工设备一台，合同约定设备价款90 000元，分三年付清，每年年末支付本金30 000元，并按当年欠款额10%的利率支付利息，即第一年需支付利息9 000元（90 000×10%）元，第二年需支付利息6 000〔（90 000－30 000）×10%〕元，第三年需付利息3 000〔（90 000－60 000）×10%〕元，合作社将设备运回后以现金3 000元支付安装费。其分录为：

①设备拉回时：

借：固定资产——融资租入固定资产   90 000

　　贷：长期借款——应付融资租赁费   90 000

②安装设备时：

借：在建工程——设备   3 000

　　贷：库存现金   3 000

③用存款支付第一年租金及利息时：

借：长期借款——应付融资租赁费　30 000

　　其他支出　9 000

　贷：银行存款　39 000

④第二年支付租金及利息时：

借：长期借款——应付融资租赁费　30 000

　　其他支出　6 000

　贷：银行存款　36 000

⑤第三年支付租金及利息时：

借：长期存款——应付融资租赁费　30 000

　　其他支出　3 000

　贷：银行存款　33 000

⑥办理产权转移手续时：

借：固定资产——设备　93 000

　贷：在建工程——设备　3 000

　　固定资产——融资租入固定资产　90 000

7. 盘盈固定资产的账务处理　农民合作社在每年年终要对固定资产进行盘点清查，做到账实相符。如果出现盘盈固定资产，要填写固定资产盘盈情况报告表，并查明原因，经批准后进行账务处理。农民合作社盘盈的固定资产，按同类资产的市场价借记"固定资产"科目，贷记"其他收入"科目。

【例 2-6-15】某合作社年终盘点时，盘盈抽水机一台，估计折余价值 5 000 元。其分录为：

借：固定资产——抽水机　5 000

　贷：其他收入　5 000

（二）固定资产减少的核算

农民合作社在生产经营过程中，有部分固定资产因种种原因会退出生产过程，引起固定资产的减少。合作社固定资产减少的原因主要有：出售、毁损、报废、对外投资、盘亏等。合作社固定资产减少要按规定办理会计记账手续，并及时进行总分类核算和明细分类核算。

1. 出售、报废或毁损减少固定资产的账务处理 农民合作社因出售、报废、毁损等原因减少固定资产应当通过"固定资产清理"账户核算，核算的步骤如下：

（1）固定资产转入清理的账务处理。农民合作社出售、报废和毁损的固定资产转入清理时，应按清理固定资产的净值借记"固定资产清理"科目，按已计提的折旧额借记"累计折旧"科目，按固定资产原值贷记"固定资产"科目。

（2）发生清理费用的账务处理。固定资产清理过程中发生的清理费用（如支付清理人员的工资等），应当按实际发生的清理费用，借记"固定资产清理"科目，贷记"库存现金"、"银行存款"等科目。

（3）出售残值收入的账务处理。农民合作社出售固定资产的价款、报废固定资产的残料价值和变价收入等，应当按实际收到的出售价款及残料变价收入等，借记"库存现金"或"银行存款"、"产品物资"等科目，贷记"固定资产清理"科目。

（4）保险赔偿的账务处理。农民合作社计算或收到的应由保险公司或过失人赔偿的报废、毁损固定资产的损失，应当按实际赔偿金额，借记"银行存款"、"应收款"等科目，贷记"固定资产清理"科目。

（5）结转净损益的账务处理。固定资产清理后发生的净收益应当借记"固定资产清理"科目，贷记"其他收入"科目；发生的净损失，借记"其他支出"科目，贷记"固定资产清理"科目。

【例 2-6-16】 某合作社出售加工设备一台，账面原值 50 000元，已提折旧 20 000 元，现出售给某农户。出售前，合作社以 1 000元现金支付整修费，现双方协议价 32 000 元，全部价款收取现金并转存银行。其分录为：

①转入清理账户时：

借：固定资产清理——设备　30 000

　　累计折旧　20 000

　　贷：固定资产——设备　50 000

②支付清理费用时：

借：固定资产清理——设备　1 000

　　贷：库存现金　1 000

③收取固定资产价款时：

借：库存现金　32 000

　　贷：固定资产清理——设备　32 000

④转存银行时：

借：银行存款　32 000

　　贷：库存现金　32 000

⑤结转净收益时：

借：固定资产清理——设备　1 000

　　贷：其他收入　1 000

【例 2-6-17】　某合作社库房年久失修，决定拆除重建，原造价 200 000 元，已提折旧 190 000 元，拆除中收回各种废料款 5 000元，款存银行。同时以现金支付清理工人工资 3 000 元。其分录为：

①转入清理账户时：

借：固定资产清理——房屋　10 000

　　累计折旧　190 000

　　贷：固定资产——房屋　200 000

②收到残料变价收入时：

借：银行存款　5 000

　　贷：固定资产清理——房屋　5 000

③支付清理费用时：

借：固定资产清理——房屋　3 000

贷：库存现金　3 000

④结转清理净损失时：

借：其他支出　8 000

　　贷：固定资产清理——房屋　8 000

【例2-6-18】　某合作社报废电脑一台，出售残值收入现金100元，账面原值为4 500元，已提折旧3 000元。其分录为：

①转入清理时：

借：固定资产清理——电脑　1 500

　　累计折旧　3 000

　　　贷：固定资产——电脑　4 500

②收回残值时：

借：库存现金　100

　　　贷：固定资产清理——电脑　100

③结转净损失时：

借：其他支出　1 400

　　　贷：固定资产清理——电脑　1 400

2. 以固定资产对外投资的账务处理　农民合作社以固定资产对外投资，按其价值可分三种情况：一是协议价等于固定资产账面净值，账务处理时借记"对外投资"、"累计折旧"科目，贷记"固定资产"科目；二是协议价高于固定资产账面净值，账务处理时借记"对外投资"、"累计折旧"科目，贷记"固定资产"科目，协议价与账面净值之间的差额部分作借记"对外投资"科目、贷记"资本公积"科目的账务处理；三是协议价低于固定资产账面净值时，账务处理为借记"对外投资"、"累计折旧"、"资本公积"科目，贷记"固定资产"科目。

【例2-6-19】　某合作社将一台加工设备投资到某企业，该设备的账面原值为60 000元，已提折旧10 000元，现双方协议价50 000元。其分录为：

借：对外投资——某企业　50 000

累计折旧　10 000

　　贷：固定资产——设备　60 000

【例 2-6-20】　某合作社将闲置的机器设备一台投资给某公司，该设备的账面原值 100 000 元，已提折旧 20 000 元，双方协议价 90 000 元。其分录为：

①冲销固定资产时：

借：对外投资——某公司　80 000

　　累计折旧　20 000

　　贷：固定资产——设备　100 000

②结转协议价高出账面净值部分时：

借：对外投资——某公司　10 000

　　贷：资本公积　10 000

【例 2-6-21】　例 2-6-20 中，如果双方协议价为 70 000 元，则其分录为：

借：对外投资——某公司　70 000

　　累计折旧　20 000

　　资本公积　10 000

　　贷：固定资产——设备　100 000

3. 捐赠固定资产的核算　农民合作社捐赠固定资产时，要按捐赠资产的净值借记"固定资产清理"账户，按已折旧额借记"累计折旧"账户，按资产原值贷记"固定资产"账户；在捐赠过程中发生的相关费用借记"固定资产清理"账户，贷记"库存现金"等账户；按"固定资产清理"账户的借方余额借记"其他支出"账户，贷记"固定资产清理"账户。

【例 2-6-22】　某养殖合作社将养鸡设施一套原值 50 000 元，已折旧 45 000 元，捐赠给某农户，捐赠过程中用现金支付清理费用 1 000 元。其分录为：

①转入清理账户时：

借：固定资产清理——设备　5 000

累计折旧 45 000

　　贷：固定资产——设备 50 000

②支付清理费用时：

借：固定资产清理——设备 1 000

　　贷：库存现金 1 000

③结转捐赠资产时：

借：其他支出 6 000

　　贷：固定资产清理——设备 6 000

4. 盘亏固定资产的核算 农民合作社盘亏固定资产，要通过"其他支出"账户核算盘亏资产的净损失。合作社发生固定资产盘亏事项时，借记"其他支出"、"累计折旧"科目，贷记"固定资产"科目。

【例 2-6-23】 某合作社盘亏设备一台，账面价值 50 000 元，已提折旧 30 000 元。经成员代表会议研究，准予核销，其分录为：

借：其他支出 20 000

累计折旧 30 000

　　贷：固定资产——设备 50 000

（三）固定资产折旧的核算

固定资产可以多次参加生产经营活动而保持其原有实物形态基本不变，但其价值将随着固定资产的使用而逐渐转移到产品成本中去。这部分随着固定资产磨损而逐渐转移的价值，称为固定资产折旧，用货币表现的固定资产减少的价值称为折旧额，把折旧额作为费用支出称为折旧费。每年的折旧费通过盈余分配得到补偿，为固定资产的更新改造提供了资金基础。合作社要建立固定资产折旧制度，按年或按季、月提取固定资产折旧，业务量小的可按年提取，业务量大的要按季或月提取折旧。

1. 固定资产计提折旧的范围 农民合作社下列固定资产应当按规定计提折旧：①房屋和建筑物（不论是否使用）；②在用

的机械、机器设备、运输车辆、工具器具；③季节性停用和大修的机械和机器设备；④以经营租赁方式租出的固定资产；⑤以融资租赁方式租入的固定资产；⑥需要重置更新的农业基本建设设施，如：晒场、水渠、道路、桥涵、堤坝、水库、鱼池等。

农民合作社下列固定资产不需要计提折旧：①以经营租赁方式租入的固定资产；②以融资租赁方式租出的固定资产；③在建工程项目交付使用前的固定资产；④未提足折旧提前报废的固定资产；⑤已提足折旧继续使用的固定资产；⑥国家规定不计提折旧的其他固定资产，如土地等。合作社本月或本季度增加的固定资产，本月或本季度不提折旧，从下月或下季度起计提折旧；本月或本季度减少的固定资产，本月或本季度仍应计提折旧，从下月或下季度起不提折旧；按年度计提折旧的应以年度计算是否计提折旧。

2. 固定资产折旧的计算方法 会计核算中对固定资产计提折旧的方法有很多种，如平均年限法、工作量法、加速折旧法等。为简便起见，农民合作社一般可采用平均年限法或工作量法。

（1）平均年限法。平均年限法也叫做直线法，它是以固定资产原值和使用年限计算折旧的一种方法。具体是将固定资产的折旧均衡地分摊到各期的一种方法。采用这种方法计算的每期折旧额是均等的。在计算过程中要考虑到固定资产报废时的残值收入和清理费用。其计算公式为：

$$固定资产年折旧额=\frac{固定资产原值-预计残值收入+预计清理费用}{预计使用年限}$$

$$固定资产月折旧额=\frac{固定资产年折旧额}{12}$$

在会计核算中也可采用预计残值率进行计算，其计算公式为：

$$预计残值率 = \frac{预计残值}{固定资产原值} \times 100\%$$

$$固定资产年折旧额 = \frac{固定资产原值 \times (1-残值率)}{预计使用年限}$$

为了用相对数来反映固定资产折旧，通常也用固定资产折旧率来表示。固定资产折旧率，是固定资产折旧额与原值的比值，一般用公式可表示为：

$$固定资产年折旧率 = \frac{固定资产年折旧额}{固定资产原值} \times 100\%$$

$$固定资产月折旧率 = \frac{固定资产月折旧额}{固定资产原值} \times 100\%$$

固定资产的折旧按其对象可分为单项折旧、分类折旧和综合折旧。

单项折旧是按每件固定资产的原值及预计残值、清理费用、使用年限来计算折旧的一种方法。其计算公式为：

$$某项固定资产折旧额 = \frac{某项固定资产原值-预计残值+预计清理费}{预计使用年限}$$

$$某项固定资产月折旧额 = \frac{该固定资产年折旧额}{12}$$

$$某项固定资产年（月）折旧率 = \frac{该固定资产年（月）折旧额}{该固定资产原值} \times 100\%$$

【例 2-6-24】 某合作社安装机井一眼，价值 100 000 元，预计可正常使用 10 年，预计残值收入 11 000 元，清理费 1 000 元，该机井的折旧费可计算如下：

$$年折旧额 = \frac{100\,000-11\,000+1\,000}{10} = 9\,000\ 元$$

$$月折旧额 = 9\,000 \div 12 = 750\ 元$$

$$年折旧率 = 9\,000 \div 100\,000 = 9\%$$

分类折旧是按固定资产类别计算某类固定资产折旧额和折旧率的。采用这种方法工作量较小，但估计残殖收入和清理费较困难，预计使用年限也只能按平均年限计算，因此准确性较差。分类折旧法的计算公式与单项折旧法基本相同。

综合折旧是按全部应计提折旧的固定资产综合起来计提折旧总额的一种方法。综合折旧法简便实用，具体计算时，综合折旧率一般控制在 5%～10%。计算公式为：

$$年综合折旧率=\frac{全部应计提折旧的固定资产年折旧额之和}{全部应计提折旧固定资产的原值之和}×100\%$$

年折旧额＝应计提折旧固定资产的原值总额×年折旧率

【例 2-6-25】 某合作社用于生产经营的固定资产总值为 1 000 000元，规定年折旧率为 10%，则其年综合折旧额为：1 000 000×10% ＝100 000（元）

（2）工作量法。工作量法是指按固定资产的工作量平均计算折旧的一种方法。如按工作时数、标准作业量、行驶里程等。其计算公式为：

$$某项固定资产单位工作量折旧额=\frac{该固定资产原值-预计残值+预计清理费}{预计可完成工作量}$$

某项固定资产年（月）折旧额＝该固定资产年（月）实际完成工作量×单位工作量折旧额

【例 2-6-26】 某合作社有加工设备一台，原值 100 000 元，预计总加工量为 500 000 件产品，预计残值收入 10 000 元，预计清理费 5 000 元。本年度该设备加工产品 50 000 件。该设备的年折旧额可计算如下：

$$每加工一件产品折旧额=\frac{100 000-10 000+5 000}{500 000}＝0.19 元$$

本年度折旧额＝50 000×0.19＝9 500 元

3. 固定资产折旧的账务处理 农民合作社固定资产折旧，在"累计折旧"账户中核算。合作社计提固定资产折旧时，记入本账户贷方，因固定资产减少，核销已提折旧时，记入本账户借方。本账户不进行明细分类核算。对生产用固定资产计提折旧时，记入"经营支出"账户；对管理用固定资产计提折旧时，记入"管理费用"账户；公益性固定资产计提折旧时，记入"其他支出"账户。合作社每年年末或月(季)末应当编制"固定资产折旧表",据此编制记账凭证,登记有关账簿,按规定计提折旧,计入有关费用。

【例2-6-27】 某合作社采用年折旧方式计提折旧,2016年年末编制"计提固定资产折旧表"如表2-14所示。

表2-14 固定资产折旧计算表

编制单位: 2016年12月31日

固定资产类别	原 值	年折旧率	年折旧
生产用固定资产	100 000	10%	10 000
管理用固定资产	50 000	10%	5 000
公益性固定资产	50 000	10%	5 000
合 计	200 000	10%	20 000

根据编制的"固定资产折旧计算表"可作以下会计分录:

借:经营支出——折旧费 10 000

管理费用——折旧费 5 000

其他支出——折旧费 5 000

贷:累计折旧 20 000

(四)固定资产修理的核算

农民合作社对固定资产的修理,应一次计入当年的有关费用。生产用固定资产的维修费用记入"经营支出"账户的借方,管理用固定资产的维修费用计入"管理费用"账户的借方,公益性等其他固定资产的维修费记入"其他支出"账户的借方。

【例2-6-28】 某粮食生产合作社对一台收割机进行维修,以银行存款支付2 000元,以现金支付劳务费500元。其分录为:

借:经营支出——维修费 2 500

贷:银行存款 2 000

库存现金 500

【例2-6-29】 某合作社大修管理用汽车一辆,以银行存款支

付材料费 7 000 元,以现金支付劳务费 1 000 元。其分录为:

借:管理费用——维修费 8 000

贷:银行存款 7 000

库存现金 1 000

【例 2-6-30】 某合作社以现金支付道路维修费 500 元。其分录为:

借:其他支出 500

贷:库存现金 500

第七节 无形资产与其他资产的核算

一、无形资产的核算

(一)无形资产的概念及其特征

无形资产是指农民合作社长期使用但不具有实物形态的资产。主要包括商标权、专利权、土地使用权、非专利技术、商誉等。

1. 专利权 专利权是指政府批准的发明人对其发明的成果在一定年限内享有制造使用和出售等方面的独占权或专用权。专利权包括发明专利权、实用新型和外观设计三种。专利权可以自创,也可以外购。自创取得的专利权,按自创过程中发生的费用入账,但一般只把那些能够带来较大经济效益,并付出较大支出的专利权作为无形资产登记入账。

2. 商标权 商标权是指专门在某类或某种指定的商品或产品上使用特定的名称或图案、标记的权利。我国商标法规定,经商标局核准注册的商标为注册商标,商标注册人享有商标专用权,受法律保护。商标权的内容包括独占使用权和禁止使用权。商标权的价值在于其能使享有人获得较高的赢利能力。商标权可以自创、也可以购买。

3. 土地使用权 土地使用权是指经批准在一定时期内对土地享有开发、利用、经营的权利。我国法律规定，土地不得计价买卖，购入土地的使用权只是使用土地的权利，土地使用权可以转让。

4. 非专利技术 非专利技术也叫专有技术，是指发明人垄断的、不公开的、在生产上具有使用价值的、未申请专利权的先进技术、知识和技能、资料等。由于非专利技术未经公开和未申请专利权，所以不受法律保护，但事实上具有专利权的效用。自创的非专利技术所支出的费用应列作生产费用处理，不作为无形资产核算。非专利技术可以作为资产对外投资，也可以转让。

5. 商誉 商誉是指由于技术先进、品质优良、信用良好、经营卓越、地理位置优越等因素，使企业可以取得较高获利能力而形成的价值。商誉可以是自创的，也可以是外购的。只有在外购商誉时，才能作为无形资产核算。

无形资产具有四个方面的特征：一是不存在实物形态。即无形资产所体现的是一种权利，或者获得超额利润的能力，它没有物质实体，但具有价值。二是无形资产能在较长时期内为农民合作社提供经济利益。即可以在多个经营周期内发挥作用，其价值也相应地分摊到各经营期间。三是无形资产提供的经济效益具有不确定性。即无形资产可能在较长时间内发挥其经济效益，但也有可能随着新技术、新产品的出现而在较短时间内失去其价值。四是无形资产是有偿取得的。一般的都是通过外购或自创两种方式取得，但不论采用哪种方式，取得者都需要支付一定的费用。

（二）无形资产的计价

农民合作社取得无形资产的途径有四种：即购入、自创、接受捐赠和接受其他单位投资。无形资产应按照不同情况进行计价。投资者作为股金或合作条件投入的无形资产，按评估确认的价值或者双方协议约定的价格计价；购入的无形资产，按照实际支付的购买价以及取得时发生的各种手续费和其他费用计价；自行开发的无形资产，按开发过程中实际支出计价，包括实验费、设计费、研制费、工资、申请登记费等；接受捐赠的无形资产，按发票单所列金额或同类无形资产的市场价计价。

（三）无形资产的核算

为准确反映和监督无形资产的增、减变动情况，农民合作社在具体核算时，应当设置"无形资产"总账账户。合作社通过各种渠道取得无形资产时，借记"无形资产"科目，贷记"库存现金"、"银行存款"、"应付款"、"专项基金"等科目；按规定摊销无形资产时，借记"管理费用"科目，贷记"无形资产"科目。"无形资产"账户应按无形资产的类别设置明细科目，进行明细核算。"无形资产"账户的余额在借方，反映合作社现有的尚未摊销的无形资产的价值。《农民专业合作社会计制度（试行）》规定，无形资产按取得时的实际成本计价，从使用之日起，按照不超过 10 年的期限平均分摊，摊销额计入管理费用；转让无形资产取得的收入计入其他收入，借记"库存现金"、"银行存款"等科目，贷记"其他收入"科目；结转摊余价值时计入其他支出，借记"其他支出"科目，贷记"无形资产"科目。

【例 2-7-1】 某粮食生产合作社注册商标，5 月 10 日以现金支付差旅费 2 000 元，12 日办理有关手续费支付现金 1 500 元，15 日交注册费 1 500 元，现办理完毕使用。其会计分录为：

①支付差旅费时：

借：在建工程——商标　2 000

　　贷：库存现金　2 000

②支付有关手续费时：

借：在建工程——商标　1 500

　　贷：库存现金　1 500

③交注册费时：

借：在建工程——商标　1 500

贷：库存现金　1 500

④办理完毕使用结转时：

借：无形资产——商标　5 000

　　贷：在建工程——商标　5 000

⑤按使用期限为 10 年分摊销时：

借：管理费用——无形资产摊销　500

　　贷：无形资产——商标　500

办理商标注册有个时间过程，每次开支的费用应当通过"在建工程"科目汇集，办理完毕投入使用时结转"无形资产"科目。

【例 2-7-2】　某合作社建设农产品加工企业，接受某村集体经济组织以土地使用权投资，双方协议价 100 000 元。按股金比例计算可记入股金 50 000 元。其分录为：

借：无形资产——土地使用权　100 000

　　贷：股金——某村　50 000

　　　　资本公积——某村　50 000

【例 2-7-3】　某合作社购入专利技术一项，以银行存款支付价款 50 000 元。该项专利有效期为 10 年。其分录为：

①购入时：

借：无形资产——专利技术　50 000

　　贷：银行存款　50 000

②分年度摊销时：

借：管理费用——无形资产摊销　5 000

　　贷：无形资产——专利技术　5 000

【例 2-7-4】　例 2-7-3 中的合作社在三年后，将购入的专利技术以 20 000 元的价格出售，款存银行。另收咨询费 300 元现金。其分录为：

①取得转让收入时：

借：银行存款　20 000

贷：其他收入　20 000

②结转摊余价值时：

借：其他支出　35 000

　　贷：无形资产——专利技术　35 000

③收取咨询费时：

借：库存现金　300

　　贷：其他收入　300

【例 2-7-5】　某合作社以取得的某项专利技术以协议价 30 000 元的价格投资给某企业。该项专利入账价值 40 000 元，已摊销 15 000 元。其分录为：

借：对外投资——某企业　30 000

　　贷：无形资产——专利技术　25 000

　　　　其他收入　5 000

【例 2-7-6】　例 2-7-5 中，若双方协议价为 20 000 元，则其分录为：

借：对外投资——某企业　20 000

　　其他支出　5 000

　　贷：无形资产——专利技术　25 000

【例 2-7-7】　某养殖合作社将鸡蛋保鲜技术专利以每年 2 000 元的价格出租，该项专利出租时摊余价值为 4 000 元。其分录为：

①收到出租收入时：

借：银行存款　2 000

　　贷：其他收入　2 000

②结转该专利摊余价值时：

借：其他支出　4 000

　　贷：无形资产　4 000

③若出租期为三年，第二年收到租金 2 000 元时：

借：银行存款　2 000

贷：其他收入　2 000

【例2-7-8】　某土地股份合作社按照章程规定，收到20户成员以200亩土地经营权入股，折价250万元，入股期限为25年。其分录为：

借：无形资产——土地经营权　2 500 000

　贷：股金——×××（共20户）　2 500 000

二、其他资产的核算

农民合作社对流动资产、对外投资、固定资产、无形资产以外的其他资产，如递延资产、储备物资、冻结物资、冻结存款等，应当设置"其他资产"总账进行核算，具体核算方法与无形资产基本相同。

第三章　负债和所有者权益的核算

第一节　负债的核算

一、负债的概念

会计上的负债不仅仅限于经营单位因借款而产生的债务，而是一个更广义的概念，它是指过去的交易事项形成的现有义务，履行该义务预期会导致经济利益流出会计主体。

农民合作社的负债是指其应承担的能以货币计量，需要以资产或者劳务偿付的债务。负债是债权人对农民合作社资产的要求权，是总资产中属于债权人的那部分权益。它需要农民合作社在将来以转移资产或提供劳务的方式加以清偿，从而引起未来经济利益从农民合作社流出。如农民合作社借入的资金以及应付未付的款项等。负债是农民合作社资金的重要来源，具有以下特征：

1. 农民合作社的负债以已经发生的或正在完成的相关经济业务为基础。凡不属于目前已经发生的交易或事项，而是将来要发生的交易或事项可能产生的债务不能作为负债核算。

2. 负债是可以用货币准确计量和估价的债务责任。由于负债是农民合作社对债权人到期应当偿还的金额，因而一般都以价值形式存在，可以用货币计量，有些负债，虽无确切金额，但可以估计其比较准确的金额数。

3. 负债到期，必须偿还本息。农民合作社的负债到期时，必须按原来承诺的条件进行偿付，而且在偿付时通常附带一定利息。其偿还的方式可以是现金、存款，也可以是实物。

4.农民合作社的负债一般都有明确的偿还期限和偿付人。但确切的偿还人和偿付的期限不是确认负债的唯一条件，只要偿还人和偿还期可以合理地估计确定，即使在还不知道具体偿还人和偿付日期的情况下，也可确定为负债。

二、负债的管理

负债是农民合作社需要在一定期限内用资产偿还的资金，所以合作社必须强化对负债的管理。

农民合作社应当建立健全借款业务的内部控制制度，要明确借款程序，确保成员权益不受侵犯；要明确经办人和审批人的权限，切实做到责任到人；要明确控制措施，严禁由同一人办理借款业务全过程。合作社要建立登记制度，切实做好借款各环节的记录工作；要完善借款手续，切实做到借款档案完整。合作社要定期做好核对工作，确保有关单据和凭证相符；要定期或不定期对借款业务内部控制制度执行情况进行监督检查，对发现的薄弱环节，及时采取措施，加以纠正和完善。

要强化对应付工资的管理。农民合作社对管理人员和固定员工的工资、奖金、津贴、补助等，要按照国家劳动工资制度的规定，定期编制"工资表"，工资标准和奖金、津贴、补助额度的确定要与工作考核挂钩，具体要由成员或成员代表会议确定，严禁由管理人自定标准、自发工资补助。

三、负债的种类和计价原则

农民合作社的负债根据偿还期限不同可分为流动负债和长期负债两种。流动负债是指偿还期在一年以内（含一年）的债务。它包括短期借款、应付款、应付工资、应付盈余返还、应付剩余盈余等。长期负债是指偿还期限在一年以上（不含一年）的债务。长期负债包括长期借款、长期应付款项和专项应付款等。

《农民专业合作社会计制度（试行）》规定，农民合作社的负债按实际发生的数额计价，利息支出计入其他支出。对发生因债权人特殊原因确实无法支付的应付款项计入其他收入。

四、流动负债的核算

（一）流动负债的内容

农民合作社的流动负债根据产生的原因可分为四类：一是因借贷形成的流动负债，如农民合作社从银行及有关单位和个人借入的期限在一年以下的各种借款。二是在结算过程中形成的流动负债，如农民合作社收到购入物资时，因货款尚未支付所形成的待结算的应付款，外单位订货交来预购定金形成的暂收款等。三是因收益分配产生的流动负债，如农民合作社从收益分配中提取的应付盈余返还和应付剩余盈余等。四是农民合作社因从事管理或生产经营活动聘用的固定人员的应付工资等。流动负债按其形成的原因可分为短期借款、应付款、应付盈余返还、应付剩余盈余和应付工资。

（二）流动负债的核算

1. 短期借款的核算 短期借款是指农民合作社为维持正常生产经营活动解决临时性资金短缺，向银行及其他单位和个人借入的，需要在不超过一年（含一年）期限内偿还的各种需要支付利息的借款。

农民合作社向银行及其他金融部门借款是筹集资金的主要渠道，主要有生产费用借款、临时性借款等。生产费用借款是农民合作社在生产经营过程中用于购买种子、肥料、农药、燃料、饲料、小型农机具等开支从银行或其他金融部门取得的借款，借款期限最长不超过一年。临时性借款是农民合作社因生产经营管理的临时需要，向银行或其他金融部门的借款。

农民合作社有时急需，还可能向其他单位和个人借入款项。这部分借款事项一般利率高于同一时期的银行贷款利率，因此要严格控制。

为反映农民合作社的短期借款的事项和借款的归还及利息支付情况，核算时在总分类账中应当设置"短期借款"总账账户，为详细反映"短期借款"的来源渠道和归还及利息支付情况，要按照借款的来源渠道设置明细账户，一般应当设置"银行借款"、"外单位借款"、"个人借款"三个二级账户。合作社借入需在一年内或一个经营周期内归还的款项时，借记"库存现金"、"银行存款"等科目，贷记"短期借款"科目；支付利息时，借记"其他支出"科目，贷记"银行存款"或"库存现金"等科目；归还借款时，借记"短期借款"科目，贷记"银行存款"、"库存现金"等科目。"短期借款"账户的余额在贷方，反映合作社借入的需要在一年以内（含一年）归还的款项总和。

【例 3-1-1】 某合作社从银行借入半年期借款 10 000 元，存入该社备用。其分录为：

借：银行存款　10 000
　　贷：短期借款——银行借款　10 000

【例 3-1-2】 例 3-1-1 中的借款到期，合作社用银行存款 10 500 元归还借款，其中借款本金 10 000 元，利息 500 元。其分录为：

借：短期借款——银行借款　10 000
　　其他支出——利息支出　500
　　贷：银行存款　10 500

【例 3-1-3】 某合作社向成员李六借入现金 20 000 元，购果树苗 10 000 株，借款时双方约定，借款期限 6 个月，到期归还时支付利息 1 500 元。其分录为：

①借款时：

借：库存现金　20 000

　　贷：短期借款——个人借款——李六　20 000

②购树苗时：

借：林木资产——经济林木——核桃树　20 000

　　贷：库存现金　20 000

③归还时：

借：短期借款——个人借款——李六　20 000

　　其他支出——利息支出　1 500

　　贷：库存现金　21 500

2. 应付款的核算　应付款是指农民合作社与非本社成员的其他单位或个人之间发生的偿还期在一年以内（含一年）的各种应付及暂收款项。包括待结算的因购买货物的货款和接受劳务的劳务费、向购货单位和个人收取的预购定金所形成的暂收款项、应上交的税金、罚款等。与短期借款相比，应付款的最大特点是不需要支付利息。

农民合作社应付款入账时间的确定，应按下列原则进行：一是对购入的货物已经入库，发票已经收到，但款项尚未支付的应付款项，应当根据发票账单，随货一起按发票金额记入应付款；二是对货物已到并验收入库，但发票账单未到，可暂先估价登记入账，待发票收到后，再按原估价与实际价的差额对应付款账户进行调整；三是对于接受劳务而发生的应付未付的款项，应当根据提供劳务单位的有关凭证入账；四是对于收到的预付款项，应当根据收到款项的时间和金额登记入账；五是对于租赁固定资产应支付的租赁费，应根据合同约定的时间和价款登记入账。

为准确反映各种应付及暂收款项的增减变化和结存情况，农民合作社核算时应当在总分类账中设置"应付款"总账账户。为准确反映合作社各项应付及暂收款项的发生、支付和结存情况，应当按照发生应付及暂收款项的单位和个人名称设置明细账户。合作社发生应付及暂收款项时，借记"产品物资"、"库存现金"、"银行存款"等科目，贷记"应付款"科目；支付各种应付及暂收款项时，借记"应付款"科目，贷记"库存现金"、"银行存款"等科目。合作社发生无法支付的应付款时，要按规定程序进行核准审批，作账务处理时借记"应付款"科目，贷记"其他收入"科目。"应付款"账户的余额在贷方，反映合作社应付未付及暂收款项总额。

【例3-1-4】 某合作社从村民吴九处购买苹果树苗5 000株。计价10 000元，款暂欠。其分录为：

借：林木资产——经济林木——苹果树 10 000
　　贷：应付款——吴九 10 000

【例3-1-5】 某合作社收到某单位转来预付的购货款20 000元。其分录为：

借：银行存款 20 000
　　贷：应付款——某单位 20 000

【例3-1-6】 某合作社收到某企业预付租用合作社房屋押金2 000元。其分录为：

借：库存现金 2 000
　　贷：应付款——某企业 2 000

【例3-1-7】 例3-1-6中房屋租用到期，应交租赁费10 000元，实转款8 000元，余2 000元用已交的押金抵顶。其分录为：

借：银行存款 8 000
　　应付款——某企业 2 000
　　贷：其他收入 10 000

【例3-1-8】 某合作社用现金10 000元归还例3-1-4中的购树苗款。其分录为：

借：应付款——吴九 10 000
　　贷：库存现金 10 000

【例3-1-9】　某合作社在年终清理债权债务时，发生一笔因往来单位撤销而无法偿还的金额为 1 000 元的债务，经批准予以核销。其分录为：

借：应付款——×单位　1 000
　　贷：其他收入　1 000

【例3-1-10】　某合作社收到县财政部门转来的财政专项扶贫资金 500 000 元，在未量化到贫困户之前暂作应付款处理。其分录为：

借：银行存款　500 000
　　贷：应付款——应付专项扶贫资金　500 000

【例3-1-11】　例 3-1-10 中，经协商合作社决定接受 20 户贫困户，以债权形式投资，贫困户年终以每户资金额的 10％获得收益。其分录为：

借：应付款——应付专项扶贫资金　500 000
　　贷：长期负债——专项应付款——×××(共20户)　500 000

对长期负债——专项应付款，合作社应当按照贫困户名称设立明细账进行明细核算。

【例3-1-12】　某合作社收到县农业部门转来的财政支农资金 600 000 元，该资金为资产收益扶贫资金。在未量化到户前应作分录：

借：银行存款　600 000
　　贷：应付款——应付财政支农资金　600 000

【例3-1-13】　例 3-1-12 中，合作社通过成员代表会议审议通过并经有关部门批准：决定将财政支农资金 600 000 元中的 200 000 元作为国家投资平均量化给每个成员；400 000 元以债权投资形式量化给本社 20 户贫困户成员，并每年以每户资金额的 10％获得收益。其分录为：

①200 000 元国家投资平均量化给成员的账务处理：

借：应付款——应付财政支农资金　200 000

贷：专项应付款——财政支农资金 200 000

②400 000 元财政支农资金量化给贫困户成员的账务处理：

借：应付款——应付财政支农资金 400 000

　　贷：长期负责——专项应付款——×××（共 20 户）400 000

对长期负责——专项应付款，合作社应当按贫困户成员名称设置明细账进行明细核算。

3. 应付工资的核算 应付工资是指农民合作社应支付给管理人员及其他固定人员的报酬，包括工资、奖金、津贴和福利补助等。

为准确反映和核算工资支付情况，农民合作社在核算中必须设置"应付工资"总账账户，进行总分类核算，并按照管理人员和固定人员的姓名设置"应付工资明细账"，进行明细核算。农民合作社的管理人员和固定人员的工资、奖金、津贴、福利补助等，不论是否在当月支付，都必须通过"应付工资"科目进行核算。合作社支付给临时人员的报酬，不通过"应付工资"科目核算，应在"应付款"、"成员往来"或支出类科目当中进行核算。农民合作社按照批准的标准提取工资补助时，借记"管理费用"、"林木资产"、"牲畜（禽）资产"、"生产成本"、"在建工程"等科目，贷记"应付工资"科目；实际发放工资补助时，借记"应付工资"科目，贷记"库存现金"等科目。"应付工资"账户的余额在贷方，反映合作社已经提取但尚未支付的工资报酬额。

【例 3-1-14】 某林业合作社 2017 年 1 月末，按照合同约定，提取苗圃管护人员工资 5 000 元。其分录为：

借：林木资产——非经济林木——苗木 5 000

　　贷：应付工资——××× 5 000

【例 3-1-15】 某农产品加工合作社根据考勤结果，提取 2017 年 1 月面粉加工厂工人工资 10 000 元。其分录为：

借：生产成本——面粉 10 000

　　贷：应付工资——××× 10 000

【例 3-1-16】 某合作社按照合同约定，提取基建工地监理人员 2017 年 2 月份工资 3 000 元。其分录为：

借：在建工程——某项目 3 000

　　贷：应付工资——×××　3 000

【例 3-1-17】 例 3-1-15 中，合作社提取现金 10 000 元，发放 1 月份工人工资。其分录为：

①提取现金时：

借：库存现金 10 000

　　贷：银行存款 10 000

②发放工资时：

借：应付工资——××× 10 000

　　贷：库存现金 10 000

4. 应付盈余返还的核算　应付盈余返还是指农民合作社从收益中提取的按成员与合作社交易额（量）比例返还给成员的盈余。按交易额（量）返还给成员的盈余不得低于可分配盈余的 60%。具体返还办法和比例应当按照合作社章程的规定或成员（成员代表）会议决议确定。

为准确反映和监督农民合作社应付盈余返还的提取、兑付、结存情况，合作社在核算时应当设置"应付盈余返还"总账账户，进行总分类核算，本账户应当按照成员名称设置明细账户，进行明细核算。合作社根据审核批准的盈余分配方案，按成员与本社交易量（额）提取返还盈余时，借记"盈余分配——各项分配"科目，贷记本科目。实际支付时，借记本科目，贷记"库存现金"、"银行存款"等科目。本科目余额在贷方，反映合作社尚未支付的盈余返还。

【例 3-1-18】 年末，某合作社将弥补亏损、提取盈余公积后的当年可分配盈余 200 000 元按成员大会讨论通过的盈余分配方案进行分配。方案确定本年度可分配盈余的 70%，按成员交易额返还给成员。根据成员账户记录，当年成员与合作社的交易额为 1 000 000 元，其中 A、B、C、D、E 五个成员的交易额分别为 100 000 元、150 000 元、200 000 元、250 000 元、300 000 元。

合作社应按下列步骤返还盈余：

①计算出当年可分配盈余中应按交易额返还的金额：

应按交易额返还的金额＝200 000×70%＝140 000 元

②计算出每个成员的交易额占全部成员与合作社交易总额的比重：

成员 A：100 000÷1 000 000×100%＝10%

成员 B：150 000÷1 000 000×100%＝15%

成员 C：200 000÷1 000 000×100%＝20%

成员 D：250 000÷1 000 000×100%＝25%

成员 E：300 000÷1 000 000×100%＝30%

③计算出应按交易额返还成员的盈余金额：

成员 A：140 000×10%＝14 000 元

成员 B：140 000×15%＝21 000 元

成员 C：140 000×20%＝28 000 元

成员 D：140 000×25%＝35 000 元

成员 E：140 000×30%＝42 000 元

④按计算结果作会计分录：

借：盈余分配——各项分配　140 000

　　贷：应付盈余返还——A　14 000

　　　　　　　　　　　B　21 000

　　　　　　　　　　　C　28 000

　　　　　　　　　　　D　35 000

　　　　　　　　　　　E　42 000

⑤实际为成员兑付盈余时：

借：应付盈余返还——A　14 000

　　　　　　　　　　B　21 000

　　　　　　　　　　C　28 000

D　35 000

E　42 000

贷：库存现金　140 000

5. 应付剩余盈余的核算　应付剩余盈余是指农民合作社从收益中提取的按成员明细账中记载的出资额、公积金的份额、捐赠资金以及本社接受国家财政直接补助形成的财产平均量化到本社成员的份额，按比例分配给本社成员的盈余。按剩余盈余返还的盈余不得高于可分配盈余的40％。具体返还办法和比例应当按照合作社章程的规定或成员（成员代表）会议决议确定。

为了准确反映和监督剩余盈余返还的提取、兑付和结存情况，农民合作社在核算时应当设置"应付剩余盈余"账户，本账户应当按照成员名称设置明细账户，进行明细核算。合作社按交易量（额）返还盈余后，根据分配方案提取应付剩余盈余时，借记"盈余分配——各项分配"科目，贷记本科目；实际支付时，借记本科目，贷记"库存现金"、"银行存款"等科目。本账户余额在贷方，反映合作社尚未支付给成员的剩余盈余。

【例 3-1-19】　年底结算后，根据分配方案，某合作社盈余按交易量返还成员后按入股股金分配剩余盈余，每100元返还10元，成员王五入股为10 000元，成员张三入股为20 000元。提取应付剩余盈余时的会计分录为：

借：盈余分配——各项分配　3 000

　贷：应付剩余盈余——王五　1 000

　　　应付剩余盈余——张三　2 000

【例 3-1-20】　用银行存款实际支付上例中的应付剩余盈余款。其分录为：

借：应付剩余盈余——王五　1 000

　　应付剩余盈余——张三　2 000

贷：银行存款　3 000

【例3-1-21】　年末，合作社将弥补亏损、提取公积后的当年可分配盈余200 000元，按照成员会议决定的盈余分配方案进行分配。盈余分配方案确定，本年度的可分配盈余按30％的比例按成员出资额和公积金份额比例返还。根据成员账户的记录，当年成员出资和公积金总额为600 000元，其中A、B、C、D、E五个成员的出资额和公积金份额分别为200 000元、150 000元、100 000元、80 000元、70 000元。

合作社应按下列步骤返还剩余盈余：

①计算出当年可分配盈余中按成员出资和公积金份额返还的金额：

剩余盈余返还金额＝200 000×30％＝60 000元

②计算成员出资和公积金份额的返还比例：

成员A：200 000÷600 000×100％＝33％

成员B：150 000÷600 000×100％＝25％

成员C：100 000÷600 000×100％＝17％

成员D：80 000÷600 000×100％＝13％

成员E：70 000÷600 000×100％＝12％

③计算应返还成员的剩余盈余金额：

成员A：60 000×33％＝19 800元

成员B：60 000×25％＝15 000元

成员C：60 000×17％＝10 200元

成员D：60 000×13％＝7 800元

成员E：60 000×12％＝7 200元

④依据计算结果作盈余分配账务处理：

借：盈余分配——各项分配　60 000

　　贷：应付剩余盈余——A　19 800

　　　　　　　　　　　　B　15 000

　　　　　　　　　　　　C　10 200

D　7 800

E　7 200

⑤兑付成员返还款时：

借：应付剩余盈余——A　19 800

B　15 000

C　10 200

D　7 800

E　7 200

贷：库存现金　60 000

五、长期负债的核算

（一）长期负债的核算内容

长期负债是指农民合作社承担的偿还期在一年以上（不含一年）的债务。长期负债除了具有负债的共同特点外，与流动负债相比，还具有债务金额大，偿还期限长，可以分期偿还等特点。

农民合作社的长期负债可以分为长期借款、长期应付款和专项应付款。长期借款包括合作社向银行及其他金融机构或其他有关单位和个人借入的偿还期在一年以上的借款。主要用于兴建农业基本建设设施时购买材料物资和支付工程费用以及购建其他固定资产和开发性借款等。长期应付款是指合作社发生的偿还期在一年以上（不含一年）的应付款项，如采用融资租赁方式租入固定资产时应付的租赁费等。专项应付款是指合作社接受的国家及各级财政部门直接补助的资金。

（二）长期借款及应付款的核算

为准确反映和监督长期借款及应付款的借入和归还情况，农民合作社在核算中应当设置"长期借款"总账账户。为详细反映合作社向有关单位和个人借入的长期借款及在经济业务中发生的长期应付款项，应当按照借入款项和应付款项的单位及个人的名称设置明细账户进行明细核算。合作社发生长期借款及应付款时，借记"库存现金"、"银行存款"、"产品物资"、"固定资产"等科目，贷记"长期借款"科目；归还有关单位款项时，借记"长期借款"科目，贷记"库存现金"、"银行存款"等科目；支付借款利息时，借记"其他支出"科目，贷记"库存现金"、"银行存款"等科目。对于购建固定资产而发生的长期借款利息，在固定资产尚未交付使用前所发生的应当予以资本化，计入所建造固定资产价值中去；在固定资产交付使用后所发生的，直接计入其他支出。长期借款利息应当按期计提，计提时借记"其他支出"科目，贷记"应付款"等科目；支付利息时借记"应付款"科目，贷记"库存现金"、"银行存款"科目。"长期借款"账户余额在贷方，反映合作社尚未归还的长期借款及应付款总额。发生确实无法偿还的长期借款及应付款时，借记"长期借款"科目，贷记"其他收入"科目。

【例 3-1-22】 某合作社从银行借入用于购买生产设备贷款 50 000 元，偿还期为 3 年，年息 6%。其分录为：

借：银行存款　50 000

　贷：长期借款——某银行　50 000

【例 3-1-23】 某合作社从银行借款 40 000 元，用于建设生产厂房，偿还期 3 年，年息 10%，本息到期一次付清。其分录为：

①借入款项时：

借：银行存款　40 000

　贷：长期借款　40 000

②工程采用承包方式，一次性付给工程队：

借：在建工程——厂房　40 000

　贷：银行存款　40 000

③年末计提利息时：

借：在建工程——厂房　4 000

　　贷：应付款——应付利息　4 000

④转入固定资产时：

借：固定资产——厂房　44 000

　　贷：在建工程——厂房　44 000

⑤第二年计提利息时：

借：其他支出　4 000

　　贷：应付款——应付利息　4 000

⑥第三年，归还借款本息时：

借：长期借款　40 000

　　其他支出　4 000

　　应付款——应付利息　8 000

　　贷：银行存款　52 000

【例 3-1-24】　某合作社采用融资方式租入固定资产一台，合同约定资产价款 100 000 元，分 5 年还清，每年年末按价款余额的 5%支付利息，共需支付利息 14 000 元，其中每年支付的利息依次分别为 5 000 元、4 000 元、3 000 元、2 000 元。另用现金支付安装费 3 000 元。其分录为：

①取得固定资产时：

借：在建工程——设备　100 000

　　贷：长期借款——某单位　100 000

②支付安装费时：

借：在建工程——设备　3 000

　　贷：库存现金　3 000

③该资产一年内投入使用，本年以银行存款归还本息时：

借：在建工程——设备　5 000

　　长期借款——某单位　20 000

　　贷：银行存款　25 000

④工程完工交付使用时：

借：固定资产——融资租入固定资产　108 000

　　贷：在建工程——设备　108 000

⑤第二年支付本息时：

借：其他支出　4 000

　　长期借款——某单位　20 000

　　贷：银行存款　24 000

以后每年年末还本付息，分录与⑤相同，金额不同。

⑥最后一年本息付清，办理产权转移时：

借：固定资产——生产用固定资产　108 000

　　贷：固定资产——融资租入固定资产　108 000

【例3-1-25】　某合作社按照约定，年末计提应付贫困户成员以债权形式投资的资产权益扶贫资金收益。投资金额400 000元，年收益10%。其分录为：

①计提时：

借：其他支出　40 000

　　贷：成员往来——资产扶贫收益——×××　40 000

合作社对资产收益扶贫收益情况应当设专账核算。

②支付时：

借：成员往来——资产扶贫收益——×××　40 000

　　贷：库存现金　40 000

【例3-1-26】　某合作社贫困户成员张三实现脱贫，经研究并经有关部门批准，决定将其拥有的以债权形式投资的扶贫资金50 000元，结转给本社贫困户成员赵四。其分录为：

借：长期负债——专项应付款——张三　50 000

　　贷：长期负债——专项应付款——赵四　50 000

同时要调整相关明细账。

【例3-1-27】　某合作社贫困户成员全部脱贫，经有关部门批准，原以债权形式投资的专项扶贫款200 000元、财政支农资金300 000元，全部投资给该合作社。其分录为：

借：长期负债——专项应付款——×××　500 000

　　贷：专项应付款——专项扶贫资金　200 000

　　　　专项应付款——财政支农资金　300 000

（三）专项应付款的核算

专项应付款是指农民合作社接受的国家及各级地方财政直接补助的资金。为准确核算国家及各级地方财政对合作社补助资金的使用情况，合作社在核算中应当设置"应付专项款"总账账户，本账户应当按照国家财政补助资金项目设置明细科目，进行明细核算。合作社收到国家财政扶持资金时，借记"库存现金"、"银行存款"等科目，贷记本科目。合作社按照国家财政补助资金的项目用途，取得固定资产、农业资产、无形资产等资产时，按实际支出，借记"固定资产"、"牲畜（禽）资产"、"林木资产"、"无形资产"等科目，贷记"库存现金"、"银行存款"等科目，同时借记本科目，贷记"专项基金"科目；用于开展信息、培训、农产品质量标准与认证、农业生产基础设施建设、市场营销和技术推广等费用支出时，借记本科目，贷记"库存现金"、"银行存款"等科目。本科目余额在贷方，反映合作社尚未使用和结转的国家财政补助资金额。

【例 3-1-28】　某合作社收到县农业部门转来的财政扶持资金300 000 元。其分录为：

借：银行存款　300 000

　　贷：专项应付款——财政扶持资金　300 000

【例 3-1-29】　按财政扶持项目要求，例 3-1-28 中的合作社用银行存款购置加工设备一台，价值 200 000 元，用现金支付运费、安装费等 10 000 元，现安装完毕投入使用。其分录为：

①支付设备款时：

借：在建工程——设备　200 000

　　贷：银行存款　200 000

②支付运费、安装费时：

借：在建工程——设备　10 000

　　贷：库存现金　10 000

③转为资产时：

借：固定资产——设备　210 000

　　贷：在建工程——设备　210 000

④结转专项应付款时：

借：专项应付款——财政扶持资金　210 000

　　贷：专项基金——国家投资　210 000

【例 3-1-30】 按财政扶持项目要求，例 3-1-28 中的合作社组织成员开展技术培训，用现金支付专家讲课费 4 000 元。其分录为：

借：专项应付款——财政扶持资金　4 000

　　贷：库存现金　4 000

第二节　所有者权益的核算

一、所有者权益的概念

所有者权益是指投资者对农民合作社净资产的所有权，即合作社及其成员和其他投资者在本社资产中享有的经济利益。在数量上所有者权益等于农民合作社的全部资产减去负债后的余额，即净资产的数额。合作社的所有者权益包括投资者投入的股金、专项基金、公积金和未分配盈余等。

所有者权益与负债都是对农民合作社资产的要求权，都是合作社资产的主要资金来源，在资产负债表上都在右方反映，但所有者权益和负债之间又有着本质差别，主要体现在：

第一，对象不同，即承担对资产所有权的主体不同。负债是合作社对债权人负担的经济责任，所有者权益是合作社对投资人负担的责任。

第二，索偿权不同。负债是债权人对合作社全部资产的索偿权，而所有者权益是投资人对合作社净资产的索偿权。投资人对合作社资产的索偿权在债权人之后。当财产清算时，合作社的资产首先应用于清偿债务，清偿债务后的剩余资产，才能在所有者之间按投资比例进行分配。

第三，偿还期限不同。负债作为合作社的一种债务，必须在确定的日期内予以偿还，通常还要支付一定的利息，而所有者权益是投资人投入到合作社的资产，按照《农民专业合作社法》的规定，投资者可随时在办结手续后退社。

第四，享受的权利不同。负债反映借入资金的债权债务关系，所有者权益反映合作社收益投资的所有权关系。因此，债权人只享有收回债务本金和利息的权利，不需要承担经营风险，无权参与合作社经营管理和盈余分配。而投资人除可以参与合作社的盈余分配外还要平等参与内部经营管理。

二、股金的核算

股金是指投资者投入到农民合作社的各种财产物资以及公积金转增的资金。投资者包括具有民事行为能力的，愿意加入合作社的，从事与合作社业务直接相关的公民、企业、事业单位或社会团体。合作社对成员投入的资产要按双方确认的价值计入相关资产。为准确反映和核算股金的投入、增减及结存情况，合作社在核算中应当设置"股金"总账账户。为详细反映股金的来源情况，合作社应当按照成员名称设置明细账户，进行明细核算。合作社收到成员以货币资金投入的股金，按实际收到的金额，借记"库存现金"、"银行存款"科目，按成员应享有合作社注册资本的份额计算的金额，贷记本科目，按两者之间的差额，贷记"资本公积"科目；合作社收到成员投资入股的非货币资产，按投资各方确认的价值，借记"产品物资"、"固定资产"、"无形资产"等科目，按成员应享有合作社注册资本的份额计算的金额，贷记本科目，按两者之间的差额，贷记"资本公积"科目；合作社按照法定程序减少注册股金或成员退股时，借记本科目，贷记"库存现金"、"银行存款"、"固定资产"、"产品物资"等科目，并在有关明细账及备查登记簿中详细记录股金发生的变动情况；成员按规定转让出资的，应在成员账户和有关明细账及备查登记簿中记录受让方。本账户的余额在贷方，反映合作社实有的股金数额。

（一）股金增加的核算

1. 股金的计价   农民合作社对于投资者以各种形式投入到农民合作社的股金，要根据有关规定计价入账：

（1）投资者以现金等货币形态资产对农民合作社投资入股的，应当按照本社章程规定的份额作为股金登记入账。农民合作社接受外币投资，应按协议、本社章程规定作价折合成人民币登记入账，未作规定的，应按收款日的市场价折合成人民币登记入账。具体账务处理时借记"库存现金"、"银行存款"科目，贷记"股金"科目；超出本社章程规定股金份额的资金，作借记"库存现金"、"银行存款"科目，贷记"资本公积"科目的账务处理。

（2）投资者以实物资产投资入股的，应当按照双方协议价登记入账。成员以实物向合作社投资的，必须出具资产所有权和处置权证明，不得以个人租赁的资产或者已作为担保、抵押的实物向合作社投资。成员以劳务形式向合作社投资的，一般应按当地劳务价格标准计价入账。在具体账务处理时，本社章程规定的股金份额部分，借记"经营支出"、"生产成本"等科目，贷记"股金"科目；超出本社章程规定的股金份额部分作贷记"资本公积"的账务处理。成员以固定资产向合作社投资的，新固定资产按原价加上运输、保险、安装、调试等费用计价，借记"在建工程"、"固定资产"等科目，贷记"股金"、"库存现金"等科目；旧固定资产以双方协议价，借记"固定资产"等科目，贷记"股金"等科目；超出章程规定的股金、份额部分作贷记"资本公积"的账务处理。

（3）投资者以无形资产投资的，如以专利权、专有技术、商标权、特许经营权、场地使用权等，按评估确认的价格登记入账。具体账务处理时，按本社章程规定的股金份额部分借记"固定资产——无形资产"科目，贷记"股金"科目。超出本社章程规定的股金份额部分作贷记"资本公积"的账务处理。

2. 股金增加的账务处理

【例 3-2-1】 某合作社收到王五以现金 20 000 元入股，款存银行，其分录为：

①收到现金时：

借：库存现金 20 000

　　贷：股金——王五 20 000

②款存银行时：

借：银行存款 20 000

　　贷：库存现金 20 000

【例 3-2-2】 赵四以玉米 12 500 千克投入到某养殖专业合作社，双方协议价为每千克 1.80 元，计价 22 500 元。按成员应享有合作社注册资本的份额计算赵四入股最高额为 20 000 元，其会计分录为：

借：产品物资——玉米 22 500

　　贷：股金——赵四 20 000

　　　　资本公积——赵四 2 500

【例 3-2-3】 张三以一台拖拉机原值为 50 000 元，已提折旧 15 000 元，双方协议价为 40 000 元，投入到某粮食生产合作社，按成员应享有合作社注册资本的份额计算张三入股最高额为 30 000 元，其会计分录为：

借：固定资产——拖拉机 40 000

　　贷：股金——张三 30 000

　　　　资本公积——张三 10 000

【例 3-2-4】 某粮食加工合作社接受某企业投资入股的一台精选机，双方协议价 60 000 元，用现金支付运杂费、装卸费、安装费 1 000 元投入使用，按本社章程规定其股金份额为 50 000 元。其分录为：

①接受投资时：

借：在建工程——精选机 60 000
　　贷：股金——某企业 50 000
　　　　资本公积——某企业 10 000

②支付运杂费等时：

借：在建工程——精选机 1 000
　　贷：库存现金 1 000

③交付使用时：

借：固定资产——精选机 61 000
　　贷：在建工程——精选机 61 000

【例 3-2-5】 某村集体经济组织以 1 公顷土地的使用权入股合作社，计价 150 000 元，按章程规定股金份额为 100 000 元，其分录为：

借：无形资产——土地使用权 150 000
　　贷：股金——村集体 100 000
　　　　资本公积——村集体 50 000

【例 3-2-6】 某合作社在修建仓库时收到成员李六以劳务方式投入投资，按当地工值标准计价，每个标准工日 100 元，共收到投入标准工日 200 个，计价 20 000 元。其分录为：

借：在建工程——仓库 20 000
　　贷：股金——李六 20 000

【例 3-2-7】 某合作社以资本公积 100 000 元转增股金。其分录为：

借：资本公积 100 000
　　贷：股金——××× 100 000

以资本公积转增股金时，应当按照股金构成比例增加每个成员的股金。

【例 3-2-8】 某合作社以盈余公积 50 000 元转增股金。其分录为：

借：盈余公积　50 000

　　贷：股金——×××　50 000

以盈余公积转增股金时，应当按照股金构成比例增加每个成员的股金。

【例 3-2-9】 某粮食加工合作社收到县财政部门转来的财政专项扶贫款 1 000 000 元，实施资产收益扶贫。在未量化到贫困户前暂作应付款处理。其分录为：

借：银行存款　1 000 000

　　贷：应付款——应付专项扶贫资金　1 000 000

【例 3-2-10】 例 3-2-9 中的合作社，经协商决定新吸收 50 户贫困户以股权方式入社，每个贫困户持有的财政专项资金以贫困人口平均计算，年终以每个贫困户持有的专项扶贫资金额的 8% 固定比例参与本社盈余分配。其分录为：

借：应付款——应付专项扶贫资金　1 000 000

　　贷：股金——扶贫股——×××（共 50 户）　1 000 000

对贫困户持有的扶贫股，合作社应当设专账核算。

【例 3-2-11】 某果品加工合作社收到县财政部门转来的财政支农资金 800 000，作资产收益扶贫。在未量化前暂作应付款处理。其分录为：

借：银行存款　800 000

　　贷：应付款——应付财政支农资金　800 000

【例 3-2-12】 例 3-2-11 中的合作社，经成员会议审议通过并报有关部门批准：决定将其中 30 万元作为国家投资；50 万元作为扶贫资金以股权形式量化给新入社的 25 户贫困户；贫困户以持有的扶贫股金额的 8% 的固定比例参加本社年终盈余分配。其

分录为：

①300 000 元国家投资的账务处理：

借：应付款——应付财政支农资金　300 000

　　贷：专项应付款——国家投资　300 000

②500 000 元折股量化资金的账务处理：

借：应付款——应付财政支农资金　500 000

　　贷：股金——扶贫股——×××　500 000

贫困户持有的扶贫股，合作社应建专账核算。

【例 3-2-13】　某合作社收到某村集体经济组织以股权形式投入的财政专项扶贫资金 500 000 元，双方约定以年 10％的固定比率参加盈余分配。其账务处理为：

借：银行存款　500 000

　　贷：股金——某村　500 000

合作社收到农村集体经济组织投入的财政支农资金开展资产收益扶贫的账务处理与例 3-2-13 相同。

【例 3-2-14】　某合作社收到通过某村集体经济组织拨付的财政专项扶贫资金 800 000 元。该村集体经济组织为合作社提供的贫困户共 60 户以股权形式投资，年收益率为 10％。其分录为：

借：银行存款　800 000

　　贷：股金——扶贫股——×××　800 000（应建专账核算）

合作社收到的通过农村集体经济组织拨付的以财政支农资金开展资产收益扶贫的资金的账务处理与例 3-2-14 相同。

（二）股金减少的核算

农民合作社股金的减少，主要有货币资金、产品物资和固定资产三种退还股金的形式。

【例 3-2-15】　某合作社以银行存款 21 000 元，支付退社成员张三的原入股股金 20 000 元，资本公积 1 000 元。其分录为：

借：股金——张三　20 000

　　资本公积——张三　1 000

贷：银行存款　21 000

【例 3-2-16】　某合作社以库存小麦 10 000 千克、计价22 000元，支付退社成员王五的原入股股金 20 000 元，资本公积 2 000元。其分录为：

借：股金——王五　20 000

　　资本公积——王五　2 000

　　贷：产品物资——小麦　22 000

【例 3-2-17】　某合作社以设备一台，原值 100 000 元，账面累计折旧 20 000 元，双方协议价 90 000 元，退还某企业入股资金，投资时股金为 100 000 元，资本公积 10 000 元，余款以银行存款支付，合作社用现金支付拆除、清理费用 1 000 元。其分录为：

①转入清理账户时：

借：固定资产清理——设备　80 000

　　累计折旧　20 000

　　贷：固定资产——设备　100 000

②支付清理费用时：

借：固定资产清理——设备　1 000

　　贷：库存现金　1 000

③交付设备时：

借：股金——某企业　90 000

　　贷：固定资产清理——设备　90 000

④结转清理账户时：

借：固定资产清理——设备　9 000

　　贷：其他收入　9 000

⑤结转欠款时：

借：股金——某企业　10 000

　　资本公积——某企业　10 000

　　贷：银行存款　20 000

【例 3-2-18】 经有关部门验收，某合作社贫困户成员全部脱贫，经成员会议审议通过并报有关部门批准后，决定将原贫困户持有的 400 000 元扶贫股全部转为国家投资。其分录为：

借：股金——扶贫股——×××　400 000
　贷：专项应付款——国家投资　400 000

【例 3-2-19】 例 3-2-18 中，合作社如果在资金使用过程中，已有 250 000 元形成了固定资产，则其分录为：

①结转股金时：

借：股金——扶贫股——×××　400 000
　贷：专项应付款——国家投资　400 000

②结转已形成的资产时：

借：专项应付款——国家投资　250 000
　贷：专项基金——国家投资　250 000

合作社以股权形式接受的资产收益扶贫资金，不论是专项扶贫资金，或是财政支农资金，在扶贫工作结束后有关资金结转的账务处理相同。

（三）股金转让的账务处理

合作社成员转让股金时必须及时办理转让手续，并做相应的账务处理。

【例 3-2-20】 某合作社成员张三将其拥有的股金 10 000 元中的 50% 转让给新入股成员李六。其分录为：

借：股金——张三　5 000
　贷：股金——李六　5 000

同时要登记成员个人账户。

【例 3-2-21】 合作社成员王五将其超过股金构成比例的投资款 3 000 元转让给新入社社员吴七。其分录为：

借：资本公积——王五　3 000
　贷：股金——吴七　3 000

【例 3-2-22】 合作社成员陈某将其个人股金 20 000 元全部

转让给新入社成员张某。其分录为：

借：股金——陈某　20 000

　　贷：股金——张某　20 000

同时陈某应按规定办理退社手续。

【例 3-2-23】　谋合作社扶贫股持有者赵某实现脱贫，经有关部门批准，决定将其持有的扶贫股 30 000 元全部转让给新贫困户吴某。其分录为：

借：股金——扶贫股——赵某　30 000

　　贷：股金——扶贫股——吴某　30 000

三、专项基金的核算

专项基金是指合作社通过国家及各级地方政府直接扶持或单位、个人捐赠所形成的基金。为准确核算国家投资、其他单位或个人捐赠的具有专门用途的资金，合作社必须在核算中设置"专项基金"总账账户。本账户应当按照专项基金的来源设置明细账户，进行明细核算。合作社使用国家及各级地方政府直接补助资金取得固定资产、农业资产和无形资产等时，按实际使用国家财政直接补助资金的数额，借记"专项应付款"科目，贷记本科目。合作社收到其他单位或个人捐赠的货币资金时，借记"库存现金"、"银行存款"科目，贷记本科目；收到捐赠的资产时，按照所附发票记载金额加上应支付的相关税费，借记"固定资产"、"产品物资"等科目，贷记本科目，无所附发票的，按照经过批准的评估价值，借记"固定资产"、"产品物资"等科目，贷记本科目。本账户的余额在贷方，反映合作社实有的专项基金数额。

【例 3-2-24】　某合作社用省专项扶持款 80 000 元购置机械设备一台，用现金 1 500 元支付安装费，现投入使用。其分录为：

①收到款项时：

借：银行存款　80 000

贷：专项应付款——国家投资 80 000

②转付购置设备时：

借：在建工程——设备 80 000

贷：银行存款 80 000

同时记：

借：专项应付款——国家投资 80 000

贷：专项基金——国家投资 80 000

③支付安装费时：

借：在建工程——设备 1 500

贷：库存现金 1 500

④完工后投入使用时：

借：固定资产——设备 81 500

贷：在建工程——设备 81 500

【例 3-2-25】 某合作社收到某企业捐赠的机械设备一台，经评估后价值为 50 000 元。其会计分录为：

借：固定资产——设备 50 000

贷：专项基金——企业捐赠 50 000

四、资本公积的核算

资本公积是指与农民合作社的经营活动无直接因果关系所形成的所有者权益，其来源渠道主要包括三个方面：一是合作社吸收股金时，投资者实际缴付的出资额超过章程规定的股金份额的差额；二是合作社以固定资产、农业资产和无形资产等对外投资时协议价高出固定资产净值的差额；三是股金溢价。为准确核算资本公积的形成和增减变化情况，合作社在核算中应当设置"资本公积"总账账户。本账户应当按照资本公积的来源渠道设置明细科目进行明细核算。成员入社投入货币资金和实物资产时，按实际收到的金额和投资各方确认的价值，借记"库存现金"、"银行存款"、"固定资产"、"产品物资"等科目，按其应享有合作社注册资本的份额计算的金额，贷记"股金"科目，按两者之间的差额，贷记本科目；合作社以实物资产方式对外投资时，按照投资各方确认的价值，借记"对外投资"、"累计折旧"科目，按投出实物资产的账面价值，贷记"固定资产"、"产品物资"等科目，按两者之间的差额，借记或贷记本科目；股金溢价部分作借记"库存现金"、"银行存款"等科目、贷记本科目的账务处理。合作社用资本公积转增股金时，借记本科目，贷记"股金"科目。本账户的余额在贷方，反映合作社实有的资本公积数额。

【例 3-2-26】　某合作社收到张三 13 000 元投资，按其应享有合作社注册资本的份额计算其股金为 10 000 元，款存信用社。其分录为：

借：银行存款　13 000
　　贷：股金——张三　10 000
　　　　资本公积——张三　3 000

【例 3-2-27】　某合作社对例 3-2-26 中的合作社投资一台拖拉机，原值 100 000 元，已提折旧 60 000 元，净值为 40 000 元，双方协议价为 45 000 元。其分录为：

借：对外投资——某合作社　40 000
　　累计折旧　60 000
　　贷：固定资产——拖拉机　100 000
借：对外投资——某合作社　5 000
　　贷：资本公积　5 000

如果协议价为 35 000 元，则分录为：

借：对外投资——某合作社　35 000
　　资本公积　5 000
　　累计折旧　60 000
　　贷：固定资产——拖拉机　100 000

【例 3-2-28】　某合作社经营状况好，获利能力强，其股金出现溢价情况。某企业以银行存款 30 000 元投资入股，折股金

26 000元，余款为股金溢价。其分录为：

借：银行存款　30 000

　　贷：股金——某企业　26 000

　　　　资本公积——股金溢价　4 000

【例3-2-29】 年终某生产合作社成员代表会议决议，用资本公积200 000元按成员入股比例转赠股金。会计分录为：

借：资本公积　200 000

　　贷：股金——成员花名　200 000

【例3-2-30】 合作社成员郭某要求退社，其成员账户记载共有股金50 000元，资本公积账户中记载其投资2 000元。其分录为：

借：股金——郭某　50 000

　　资本公积——郭某　2 000

　　贷：银行存款　52 000

五、盈余公积的核算

盈余公积是指农民合作社根据有关规定按照成员会议或成员代表会议审议通过的盈余分配方案，从当年收益中提取的基金，盈余公积主要用于弥补以后年度的亏损和转赠资本。为准确核算盈余公积的提取和使用及结存情况，合作社应当在核算中设置"盈余公积"总账账户。本账户应按盈余公积的用途设置明细账户，进行明细核算。合作社按照收益分配方案提取盈余公积时，借记"盈余分配——各项分配"科目，贷记本科目。合作社用盈余公积转赠股金或弥补亏损等时，借记本科目，贷记"股金"、"盈余分配——未分配盈余"等科目。本账户余额在贷方，反映合作社实有的盈余公积额。

【例3-2-31】 年终，某合作社按收益分配方案提取盈余公积100 000元。其分录为：

借：盈余分配——各项分配　100 000

贷：盈余公积 100 000

【例3-2-32】 某合作社年终经成员大会决议按照股金构成比例将盈余公积50 000元转赠股金，其分录为：

借：盈余公积 50 000

贷：股金——成员化名 50 000

【例3-2-33】 经成员大会讨论通过，某合作社决定用盈余公积弥补当年亏损10 000元。其分录为：

借：盈余公积 10 000

贷：盈余分配——未分配盈余 10 000

第四章 成本、收入、支出和盈余的核算

第一节 生产成本的核算

生产成本是指农民合作社直接组织生产对非成员提供劳务等活动所发生的各项生产费用和劳务成本。合作社直接组织生产或对外提供劳务等活动所发生的各项生产费用和劳务服务成本应当按照成本对象汇集，进行成本核算。合作社成本核算对象主要包括农产品、加工产品和对外提供的劳务。

一、成本项目

农民合作社的成本项目是指在生产农产品、加工产品和对外提供劳务过程中发生的各种耗费，既包括为生产产品和提供劳务而耗费的直接费用，也包括为生产产品和提供劳务而耗费的间接费用。

（一）农产品成本项目

农产品成本项目主要包括：

（1）直接耗费的材料：包括在生产过程中耗用的种子、种苗、肥料、农药等。

（2）直接耗费的人工费用：包括直接从事种植业生产人员的工资、工资性津贴、奖金、福利等。

（3）其他直接费用：包括机械作业费、排灌费、田间运输费等。

（4）间接费用：包括应该摊销、分摊计入各产品的间接生产费用。如生产单位管理人员的报酬，固定资产的折旧费、修理费，不能直接记入某种、类产品的生产单位的水电费、办公费等。

（二）加工产品成本项目

加工产品成本项目一般包括：

（1）外购材料。指合作社为从事农副产品加工而购置的各种原材料、半成品、包装物、低值易耗品等。

（2）外购燃料。指合作社为从事农副产品加工而购置的各种固体、液体、气体燃料。

（3）外购动力。指合作社为从事农副产品而购置的各种动力设备。

（4）人工费用。指合作社为从事农副产品而支付的应计入产品成本的生产工人工资、奖金、津贴、福利等。

（5）折旧费。指合作社按照规定计提的应计入加工产品成本的固定资产折旧费。

（6）其他费用。指不属于以上各项费用的应计入加工产品成本的各项费用。

（三）劳务成本项目

劳务成本项目主要包括农民合作社因对外提供劳务而发生的培训费、工资福利费、差旅费、保险费等。

二、生产成本的核算

农民合作社在成本核算过程中应当遵循受益原则，即盈余与费用配比的原则，严格划分盈余性支出与资本性支出的界限、产品成本与期间费用的界限、本期产品与下期产品之间的费用界限、各种产品之间的费用界限、本期完工产品与期末在产品之间的费用界限。正确划分各种不同费用界限，是准确核算生产成本的基础。

为准确汇集产品和劳务成本费用，农民合作社应当在核算中设置"生产成本"总账账户，进行总分类核算；要按照生产费用和劳务成本的种类设置明细账户，进行明细核算。合作社在从事农业、农副产品加工业和提供劳务过程中，发生费用支出时借记"生产成本"科目，贷记"库存现金"、"银行存款"、"产品物资"、"累计折旧"、"应付工资"、"应付款"、"成员往来"等科目；产成品入库时，借记"产品物资"科目，贷记"生产成本"科目；对外提供劳务时，发生的费用借记本科目，贷记"库存现金"等科目，对外提供劳务实现销售时，借记"银行存款"、"应付款"等科目，贷记"经营收入"科目，同时借记"经营支出"科目，贷记"生产成本"科目。"生产成本"账户的余额在借方，反映合作社尚未完工的在产品成本和尚未结转的劳务成本总额。

（一）农产品成本的核算

农民合作社农产品成本一般应当按照农产品的生产周期计算。具体计算农产品成本时，对发生的各项生产费用和劳务成本，能够分清属于某种产品的，要直接计入该种产品成本；不能直接归属某种产品的，要以产品的收获面积或作业面积、产品产量等为标准进行分摊。发生直接费用或分摊间接费用时，借记"生产成本"科目，贷记"产品物资"、"应付工资"、"库存现金"、"银行存款"等科目；农产品收获入库时，借记"产品物资"科目，贷记"生产成本"科目。

【例4-1-1】 某合作社统一经营的农场在秋播时，用库存小麦种子100 000千克，计价200 000元，化肥600吨，计价420 000元，用现金支付临时人员工资60 000元，应付固定人员工资120 000元，用存款支付农机作业费200 000元。其分录为：

借：生产成本——小麦　1 000 000

　　贷：产品物资——种子　200 000

　　　　产品物资——化肥　420 000

　　库存现金　60 000
　　应付工资——×××　120 000
　　银行存款　200 000

【例 4-1-2】　经计算，例 4-1-1 中的合作社，统一种植的小麦应分摊农场管理人员工资 20 000 元、折旧费 30 000 元、其他支出现金 5 000 元。其分录为：

　　借：生产成本——小麦　55 000
　　　贷：累计折旧　30 000
　　　　应付工资——×××　20 000
　　　　库存现金　5 000

【例 4-1-3】　例 4-1-1 中的合作社收获小麦时，以银行存款支付机收费 180 000 元，用现金支付临时人员工资 10 000 元，应付固定人员工资 20 000 元。现收获小麦入库。其分录为：

①支付费用时：

　　借：生产成本——小麦　210 000
　　　贷：库存现金　10 000
　　　　应付工资——×××　20 000
　　　　银行存款　180 000

②收获小麦入库时：

　　借：产品物资——小麦　1 265 000
　　　贷：生产成本——小麦　1 265 000

（二）农副产品加工业成本的核算

　　农民合作社从事农副产品加工业，必须按照《农民专业合作社会计制度（试行）》的规定，对产品生产过程中实际发生的各种耗费和劳务成本进行汇集，计算产品的生产成本。合作社在加工过程中发生生产费用和劳务成本时，借记"生产成本"科目，贷记"产品物资"、"库存现金"、"应付工资"等科目；产品完工入库时，借记"产品物资"科目，贷记"生产成本"科目。

【例 4-1-4】　某合作社经营的加工厂用银行存款购杂粮一批：

绿豆 50 000 元、黄豆 50 000 元、谷子 100 000 元入库，随后全部投入生产。其分录为：

①购入原料时：

借：产品物资——绿豆　50 000

　　　　　　黄豆　50 000

　　　　　　谷子　100 000

　贷：银行存款　200 000

② 将库存原料投入生产时：

借：生产成本——小杂粮　200 000

　贷：产品物资——绿豆　50 000

　　　　　　黄豆　50 000

　　　　　　谷子　100 000

【例 4-1-5】　例 4-1-4 中的合作社，月末结算时用现金支付加工厂临时工工资 10 000 元，结算固定人员应付工资 80 000 元，计提生产用固定资产折旧费 10 000 元。其分录为：

借：生产成本——杂粮　100 000

　贷：库存现金　10 000

　　　应付工资——×××　80 000

　　　累计折旧　10 000

【例 4-1-6】　例 4-1-5 中的合作社，将生产的杂粮产品 5 000 箱入库。其分录为：

借：产品物资——杂粮　300 000

　贷：生产成本——小杂粮　300 000

（三）劳务成本的核算

农民合作社对外提供劳务服务成本核算，应当按成本对象汇集各种耗费。直接或分配计入劳务成本时，借记"生产成本"科目，贷记"产品物资"、"库存现金"等科目；对外提供劳务实现销售时，借记"银行存款"、"应收款"等科目，贷记"经营收入"科目，同时借记"经营支出"科目，贷记"生产成本"

科目。

【例4-1-7】　某合作社承包某企业原料和产品销售的运输，在运输过程中合作社以现金支出燃料费10 000元，应付成员运费30 000元。月末经计算，共应收取运输费50 000元，待企业转回运费后，合作社以现金支付成员运费。其分录为：

①支付燃料时：

借：生产成本——运输业　10 000

　　贷：库存现金　10 000

②结算运费时：

借：应收款——某企业　50 000

　　贷：经营收入——劳务收入　50 000

③结算成员运费时：

借：生产成本——运输业　30 000

　　贷：成员往来——×××　30 000

④收到运费时：

借：银行存款　50 000

　　贷：应收款——某企业　50 000

⑤支付成员运费时：

借：成员往来——×××　30 000

　　贷：库存现金　30 000

⑥月末结算运输成本时：

借：经营支出——劳务服务　40 000

　　贷：生产成本——运输业　40 000

【例4-1-8】　某果业合作社组织技术服务队，对果园进行修剪，成员的果园亩收费300元，非成员亩收费400元，修剪成员果园1 000亩，非成员果园500亩，应支付工作队成员工资450 000元，会计分录为：

①收入款项时：

借：库存现金　500 000

贷：经营收入——技术服务　500 000

②结算劳务工资时：

借：生产成本——技术服务　450 000

　　贷：应付工资——×××　450 000

③结转成本时：

借：经营支出——技术服务　450 000

　　贷：生产成本——技术服务　450 000

【例 4-1-9】　某农机服务合作社夏收时组织成员为非成员农民提供机收、机耕、机播等服务，在服务过程中合作社以现金支付燃料费 10 000 元，用银行存款支付修理费 5 000 元，应付成员劳务费 30 000 元，合作社共结算回服务费 50 000 元。其分录为：

①支付燃料费时：

借：生产成本——农机服务　10 000

　　贷：库存现金　10 000

②支付修理费时：

借：生产成本——农机服务　5 000

　　贷：银行存款　5 000

③结算成员劳务费时：

借：生产成本——农机服务　30 000

　　贷：成员往来——×××　30 000

④收取服务费时：

借：库存现金　50 000

　　贷：经营收入——农机服务　50 000

⑤结转服务成本时：

借：经营支出——农机服务　45 000

　　贷：生产成本——农机服务　45 000

⑥兑付成员劳务费时：

借：成员往来——×××　30 000

　　贷：库存现金　30 000

【例4-1-10】 某林业合作社在春季植树造林时，组织专业队为某单位提供造林服务，在服务过程中合作社以现金支付相关费用3 000元，经计算应付成员劳务费70 000元，合作社结算回劳务费100 000元。其分录为：

①支付相关费用时：

借：生产成本——劳务服务　3 000

　　贷：现金　3 000

②结算应付成员劳务费时：

借：生产成本——劳务服务　70 000

　　贷：成员往来——×××　70 000

③收取造林款时：

借：银行存款　100 000

　　贷：经营收入——劳务服务　100 000

④结转服务费成本时：

借：经营支出——劳务服务　73 000

　　贷：生产成本——劳务服务　73 000

⑤兑付成员劳务费时：

借：成员往来——×××　70 000

　　贷：库存现金　70 000

第二节　收入的核算

收入是指农民合作社在一定时期内所获得的经济利益。合作社的收入按其性质可分为经营收入、其他收入和投资收益三类。

一、经营收入的核算

农民合作社的经营收入是指合作社直接组织生产活动或为成员提供农业生产资料的购买、农产品的销售、加工、运输、贮藏以及与农业生产经营有关的服务、对非成员提供劳务等取得的收入，即合作社从当年直接经营的各项生产、服务等项目中所取得的收入。包括产品物资销售收入、出租收入、劳务收入等。

（一）经营收入的确认

农民合作社经营收入应当按照下列原则确定收入的实现。

1. 农民合作社对外销售产品物资或提供劳务时，应在产品物资已经发出、劳务已经提供，同时收讫价款或取得价款凭证时确认取得经营收入。

2. 农民合作社收获的农产品，应当在农产品销售时，确认取得经营收入。

3. 农民合作社出售非经济林木及林产品，应当在销售实现时，确认经营收入的实现。

4. 农民合作社出售畜产品，应当在销售实现时确认经营收入的实现。

5. 收款条件已经具备，但结算方式不同时，应当根据具体情况灵活掌握。只要收款条件已经具备，并且有理由确定最终能够收到价款，农民合作社就应当确认经营收入的实现。如采用"托收承付"或"委托收款"结算方式时，只要发出实物并办妥手续，就应当确认经营收入的实现；采取"长期劳务合同"结算方式时，应当按照合同约定的期限分期确认经营收入的实现。

（二）经营收入的核算

为准确反映和监督农民合作社通过直接经营活动所取得的收入情况，合作社核算中应当设置"经营收入"总账账户。为详细反映经营收入的具体来源，合作社应当在"经营收入"总账账户下按经营项目设置"农产品销售收入"、"劳务收入"等明细账户，进行明细核算。合作社取得经营收入时借记"库存现金"、"银行存款"、"应收款"等科目，贷记"经营收入"科目；年终结转已经取得的收入时，借记"经营收入"科目，贷记"本年盈余"科目。平时，"经营收入"账户余额在贷方，反映合作社已经实现的经营收入总额，年终结转后本账户无余额。

【例4-2-1】　某合作社出售已入库小麦50 000千克，每千克计价2.20元，款存银行。小麦入库成本为每千克1.80元。其分录为：

①出售时：

借：银行存款　110 000

　贷：经营收入——农产品销售收入　110 000

②结转成本时：

借：经营支出——农产品销售支出　90 000

　贷：库存物资——小麦　90 000

【例4-2-2】　某合作社收获苹果250 000千克，当即出售100 000千克，每千克7.00元，计价700 000元，款存银行；余150 000千克存入冷库。该批苹果应承担费用500 000元。其分录为：

①出售时：

借：银行存款　700 000

　贷：经营收入——农产品销售收入　700 000

②入库时：

借：产品物资——苹果　300 000

　贷：生产成本——苹果　300 000

③结转出售苹果成本时：

借：经营支出——农产品销售支出　200 000

　贷：生产成本——苹果　200 000

注：该批苹果的生产成本应当按照销售量、入库量占总产量的比重进行分摊。

【例4-2-3】　某农机合作社机耕队收回机耕服务费10 000元。其分录为：

借：库存现金　10 000

　　贷：经营收入——服务收入　10 000

【例 4-2-4】 某养殖合作社出售育肥畜 500 头，每头售价 1 500 元，共收价款 750 000 元，款存银行，该批育肥猪已汇集饲养费用 550 000 万元，其分录为：

①收到价款时：

借：银行存款　750 000

　　贷：经营收入——产品销售收入　750 000

②结转成本时：

借：经营支出　550 000

　　贷：牲畜（禽）资产——幼畜及育肥畜——育肥猪 550 000

【例 4-2-5】 某养殖合作社出售鲜奶 5 000 千克，收回现金 10 000 元。其分录为：

借：库存现金　10 000

　　贷：经营收入——产品销售收入　10 000

【例 4-2-6】 某养殖合作社 2017 年 2 月 1 日向奶站交售鲜奶 3 000 千克，计价 6 000 元，价款月底一次性结算。其分录为：

借：应收款——某奶站　6 000

　　贷：经营收入——产品销售收入　6 000

【例 4-2-7】 某林业合作社出售树苗一批，收到存款 50 000 元，该批树苗成本为 20 000 元。其分录为：

①收到价款时：

借：银行存款　50 000

　　贷：经营收入——苗木销售收入　50 000

②结转成本时：

借：经营支出——非经济林木成本　20 000

　　贷：林木资产——非经济林木　20 000

【例 4-2-8】 某生产资料销售服务合作社销售化肥 2 000 千克，收到银行存款 4 000 元，销售农药 100 千克，收到银行存款

2 000 元。其分录为：

借：银行存款　6 000
　贷：经营收入——商品销售收入——化肥　4 000
　　　经营收入——商品销售收入——农药　2 000

【例 4-2-9】 某饮料加工合作社加工饮料 100 箱，该批次饮料成本 10 000 元，现验收入库。一个月后以单价 120 元出售，计款 12 000 元，价款转存银行。其分录为：

①产成品入库时：

借：产品物资——饮料　10 000
　贷：生产成本——饮料　10 000

②收到价款时：

借：银行存款　12 000
　贷：经营收入——产品加工收入　12 000

③产成品销售出库时：

借：经营支出——产品加工　10 000
　贷：产品物资——饮料　10 000

【例 4-2-10】 年终，某合作社结转本年取得的经营收入 500 000 元。其分录为：

借：经营收入　500 000
　贷：本年盈余　500 000

二、投资收益的核算

投资收益是指农民合作社对外投资所取得的收入或需要承担的亏损。按取得方式的不同，投资收益可分为持有收益和投机收益两种。持有收益是指合作社投出资金后，按投资各方约定从接受投资的单位或个人所取得的收益，如投资分得的利润、股利、债券利息等，投机收益是指合作社对外投资终止时（包括收回投资和中途转让）所获得的收回价款大于投资账面价值的差额。按来源渠道分类，投资收益可分为股票投资收益、债券投资收益和其他投资收益。合作社对外投资获得的收益或承担的损失，都应当在"投资收益"账户进行核算。

农民合作社对获得的投资收益的核算，应当在总分类账中设置"投资收益"账户。为详细反映投资收益的具体情况，合作社应当设置"股票投资收益"、"债券投资收益"、"其他投资收益"等明细账户，进行明细核算。合作社收到投资收益时，借记"库存现金"、"银行存款"、"应收款"等科目，贷记"投资收益"科目；承担亏损时，借记"投资收益"科目，贷记"银行存款"等科目；收回或转让对外投资时，按实际取得的价款，借记"库存现金"、"银行存款"等科目，按原账面余额，贷记"对外投资"科目，按实际取得价款和原账面余额的差额，借记或贷记本科目。年终结转净收益额时，借记"投资收益"科目，贷记"本年盈余"科目；年终结算净亏损额时，借记"本年盈余"科目，贷记"投资收益"科目。平时"投资收益"账户既可能是贷方余额，也可能是借方余额，贷方余额反映合作社累计获得的净收益额，借方余额反映合作社应当承担的累计净亏损额，本账户年终结转后无余额。

【例 4-2-11】 某合作社年终收到投资企业的应分利润 30 000 元，其中 20 000 元转赠投资、10 000 元转存银行。其分录为：

　　借：银行存款　　10 000

　　　　对外投资——某企业　　20 000

　　　　贷：投资收益——其他投资收益　　30 000

【例 4-2-12】 某合作社兑付持有到期的 5 年期债券 20 000 元，年利率 8%，现收回本利 28 000 元，款存银行。其分录为：

　　借：银行存款　　28 000

　　　　贷：对外投资——债券投资　　20 000

　　　　　投资收益——债券投资收益　　8 000

【例 4-2-13】 某合作社持有某公司股票 100 000 元，本年分得利润 12 000 元，款存银行。其分录为：

借：银行存款　12 000

　　贷：投资收益——股票投资收益　12 000

【例 4-2-14】　某合作社将购买 3 个月的某公司股票出售，股票原账面价值 50 000 元。

①出售价为 56 000 元，款存银行，其分录为：

借：银行存款　56 000

　　贷：对外投资——股票投资　50 000

　　　　投资收益——股票投资收益　6 000

②出售价为 50 000 元，款存银行，其分录为：

借：银行存款　50 000

　　贷：对外投资——股票投资　50 000

③出售价为 45 000 元，款存银行，其分录为：

借：银行存款　45 000

　　投资收益——股票投资收益　5 000

　　贷：对外投资——股票投资　50 000

【例 4-2-15】　某合作社投资于某企业，年终该企业亏损，按合同约定，合作社应承担亏损 10 000 元，现从银行存款中转付。其分录为：

借：投资收益——其他投资收益　10 000

　　贷：银行存款　10 000

【例 4-2-16】　年终，某合作社将"投资收益"账户贷方余额 100 000 元，予以结转。其分录为：

借：投资收益　100 000

　　贷：本年盈余　100 000

【例 4-2-17】　年终，某合作社将"投资收益"账户借方余额 10 000 予以结转。其分录为：

借：本年盈余　10 000

　　贷：投资收益　10 000

三、其他收入的核算

其他收入是指农民合作社所取得的不属于经营收入和投资收益的收入。如固定资产和产品物资的盘盈收入、存款利息收入等。

农民合作社取得的其他收入，应当在总分类账中设置"其他收入"账户进行核算。因其他收入内容不固定、收入额较小，因此一般可不设明细账户；其他收入较高的合作社应当按照收入来源设置明细账户进行明细核算。合作社取得其他收入时，借记"库存现金"、"银行存款"等科目，贷记"其他收入"科目；年终结转时，借记"其他收入"科目，贷记"本年盈余"科目。"其他收入"账户平时余额在贷方，反映合作社已取得的其他收入总额，年终结转后，本账户无余额。

【例 4-2-18】 某合作社盘总资产时，盘盈谷子 300 千克，其入库价为每千克 4.00 元。其分录为：

借：产品物资——谷子　1 200

　　贷：其他收入　1 200

【例 4-2-19】 某合作社盘盈设备一台，经评估其价值为 2 000 元。其分录为：

借：固定资产——设备　2 000

　　贷：其他收入　2 000

【例 4-2-20】 某合作社出售房屋 5 间，原值 150 000 元，已折旧 60 000 元，售价 100 000 元，款存银行。其分录为：

①将处置资产转入清理账户时：

借：固定资产清理——房屋　90 000

　　累计折旧　60 000

　　贷：固定资产——房屋　150 000

②出售资产时：

借：银行存款　100 000

　　贷：固定资产清理——房屋　100 000

　　③结转清理账户时：

　　借：固定资产清理——房屋　10 000

　　　贷：其他收入　10 000

　　【例 4-2-21】　某合作社收到银行结息通知，结算利息 500 元已入账。其分录为：

　　借：银行存款　500

　　　贷：其他收入　500

　　【例 4-2-22】　年终，某合作社将当年取得的其他收入 50 000元，转入盈余。其分录为：

　　借：其他收入　50 000

　　　贷：本年盈余　50 000

第三节　费用的核算

　　费用是农民合作社在一定时期内为从事经济和管理活动所发生的各种耗费。合作社的费用支出主要包括两类：一是经营性费用，主要是指与合作社的生产、服务等直接经营活动相关的耗费，如经营支出等；二是非经营性费用，主要是指与合作社的生产经营活动无直接关系的耗费，如管理费用、其他支出等。合作社对费用支出的核算包括费用支出的发生与结转两个方面，按支出的性质可分为经营支出、管理费用和其他支出三类。

一、费用核算的基本要求

　　加强费用支出的管理与核算，是农民合作社控制和节约各项费用开支，提高经济效益的根本措施。合作社对各项费用核算时，应当严格划分费用界限：

　　（1）要划清盈余性支出与对外投资的界限。盈余性支出属耗费性支出，而对外投资虽然也要支付财产物资，但合作社并没有因为对外投资而耗费，因此不能把对外投资作为经营性支出核算。同样，发生的成员或外单位收回投资事项时，尽管合作社可控或使用的财产物资减少了，但这是经营资本的减少，而不是生产耗费的增加，因此也不能作为盈余性支出核算。

（2）要划清盈余性支出与公积金支出的界限。盈余性支出是农民合作社用于生产经营活动的支出，可以直接以收入进行补偿。而公积金是具有专门用途的专项基金，其减少只能通过盈余分配进行补偿。因此，盈余性支出不能与公积金支出混淆，否则，可能会增加或减少费用，减少或增加收入。

（3）要划清盈余性支出与购建固定资产支出的界限。盈余性支出是当年的耗费，可以在当年得到补偿，而固定资产购建支出虽然是当年发生的耗费，但需要在今后数年才能得到补偿。因此，如果将固定资产购建支出与盈余支出混淆，必然会造成收入与支出间配比的不合理。

（4）要划清盈余性支出与往来结算事项的界限。盈余性支出是农民合作社在其经营活动中直接发生的耗费，而往来款项是农民合作社在经营活动中发生的债务或形成的债权，两者业务性质不同。因此，在会计核算过程中不能将往来款项列入盈余性支出核算。

（5）要划清盈余性支出内部的不同支出项目的界限。严格区分不同支出项目的界限，既是核算各项支出的基础，也是考核各经营项目经济效果的必然要求。因此，农民合作社在会计核算过程中要严格执行收支配比原则，使各项支出与收入相对应。

二、经营支出的核算

经营支出是指农民合作社从事各项生产、服务等直接经营活动所耗费的支出，包括销售商品或农产品的成本、销售牲畜禽和林木及其产品的成本、提供对外劳务的成本、维修费、运输费、保险费，役畜的饲养费及其成本摊销、为成员代购代销和向成员提供技术信息服务等活动发生的支出等。

农民合作社对经营支出的核算，应当在总分类账中设置"经营支出"账户。为反映各业经营支出情况，合作社应当按照"产品销售支出"、"商品销售支出"、"物资销售支出"、"劳务支出"、"服务支出"等设置明细账户，进行明细核算。合作社发生经营支出事项时，借记"经营支出"科目，贷记"生产成本"、"产品物资"、"牲畜（禽）资产"、"林木资产"、"库存现金"、"银行存款"等科目；年终结转时，借记"本年盈余"科目，贷记"经营支出"科目。"经营支出"账户的余额平时在借方，反映合作社已经发生的经营支出累计额；年终结转后，本账户无余额。

【**例 4-3-1**】　某果业合作社用现金 1 000 元购买石灰等材料，用于统一经营的果园中已投产的苹果树管护。其分录为：

借：生产成本——苹果　1 000
　　贷：库存现金　1 000

【**例 4-3-2**】　某养殖合作社维修鱼池水泵一台，以银行存款支付修理费 2 000 元。其分录为：

借：经营支出——生产支出　2 000
　　贷：银行存款　2 000

【**例 4-3-3**】　某果业合作社出售库存苹果 150 000 千克，计价 1 200 000 元，款转存银行。出售苹果应分摊成本 800 000 元。其分录为：

借：银行存款　1 200 000
　　贷：经营收入——产品销售收入　1 200 000
同时，
借：经营支出——产品销售支出　800 000
　　贷：库存物资——苹果　800 000

【**例 4-3-4**】　某粮食合作社役用牛使用库存饲料价值 3 000 元，用现金支付防疫费 800 元。其分录为：

借：经营支出——生产支出　3 800

　　贷：库存现金　800

　　　　产品物资——饲料　3 000

【例 4-3-5】 某养殖合作社统一为成员饲养的蛋鸡进行防疫，支出防疫费 2 000 元，应收回服务费 2 800 元。会计分录为：

①支出时：

借：经营支出——服务支出　2 000

　　贷：库存现金　2 000

②处理应收服务费时：

借：成员往来——×××　2 800

　　贷：经营收入——服务收入　2 800

如果是对非成员服务时，应收取的服务费一般要比成员高，如收取 3 000 元，核算时，发生的非成员应收服务费，应当在"应收款"账户中登记。则其分录为：

借：应收款——×××　3 000

　　贷：经营收入——服务收入　3 000

【例 4-3-6】 某合作社将"经营支出"账户年末余额 200 000 元转当年盈余。其分录为：

借：本年盈余　200 000

　　贷：经营支出　200 000

三、管理费用的核算

管理费用是指农民合作社用于管理活动的支出。合作社的管理费用主要包括：管理人员的工资、办公费、差旅费、管理用固定资产的折旧和维修费、业务招待费、无形资产摊销等。

农民合作社对管理费用的核算，应当在总分类账中设置"管理费用"账户。为详细核算管理费用的支出情况，应当设置管理人员报酬、办公费、差旅费、业务招待费等明细账户，业务量小的合作社也可不设明细账户。合作社发生管理费用时，借记"管理费用"科目，贷记"库存现金"、"银行存款"、"应付工资"、"累计折旧"、"无形资产"等科目。年终结转管理费用时，借记"本年盈余"科目，贷记"管理费用"科目。"管理费用"账户余额平时在借方，反映合作社已经发生的管理费用累计额；年终结转后，本科目无余额。

【例 4-3-7】 某粮食加工合作社结算 2017 年 2 月生产工人工资 50 000 元、管理人员工资 10 000 元。其分录为：

借：管理费用——人员工资　10 000
　　生产成本——人员工资　50 000
　　贷：应付工资——×××　60 000

【例 4-3-8】 某合作社用现金购买账簿、单据一套，计款 1 000 元；购买墨水等办公用品，计款 800 元。其分录为：

借：管理费用——办公费　1 800
　　贷：库存现金　1 800

【例 4-3-9】 某合作社理事长参加会计培训，借现金 3 000 元。培训结束后，经审核准予报销车票、补助等差旅费 2 600 元，余 400 元暂欠。其分录为：

①借款时：

借：成员往来——×××　3 000
　　贷：库存现金　3 000

②报销时：

借：管理费用——差旅费　2 600
　　贷：成员往来——×××　2 600

暂欠的 400 元款项，因其已在借款事项发生时作了账务处理，因此在结算时不必再另行作账务处理。

【例 4-3-10】 某合作社年终按 10% 的年综合折旧率，提取管理用固定资产折旧费 20 000 元。其分录为：

借：管理费用——折旧费　20 000
　　贷：累计折旧　20 000

【例 4-3-11】 某合作社办理经营执照刻章、办理法人组织代码证、打印费用，支付现金 1 000 元，其分录为：

借：管理费用——办公费　1 000

　　贷：库存现金　1 000

【例 4-3-12】 某合作社与某客商洽谈业务，开支招待费 500元。其分录为：

借：管理费用——招待费　500

　　贷：库存现金　500

【例 4-3-13】 某合作社维修办公室发生各种费用 3 500 元，款暂欠。其分录为：

借：管理费用——维修费　3 500

　　贷：应付款——×××　3 500

【例 4-3-14】 年终，某合作社将当年管理费用 100 000 元转本年盈余。其分录为：

借：本年盈余　100 000

　　贷：管理费用　100 000

四、其他支出的核算

其他支出是农民合作社发生的不属于经营支出和管理费用的支出。其他支出包括：公益性固定资产折旧费、固定资产及库存物资盘亏、处理固定资产的净损失、罚没支出、捐赠支出、利息支出、接受以债权形式投资支付的融资费用、确实无法收回的坏账损失等。

农民合作社对其他支出的核算，应当在总分类账中设置"其他支出"账户。由于其他支出内容不固定、支出数额一般较小，因此可不设明细账户。合作社发生其他支出时，借记"其他支出"科目，贷记"累计折旧"、"库存现金"、"银行存款"等科目。年终结转其他支出时，借记"本年盈余"科目，贷记"其他支出"科目。"其他支出"账户余额平时在借方，反映合作社已经发生的其他支出累计额，年终结转后本科目无余额。

【例 4-3-15】 某合作社年终进行资产盘存时，盘亏产成品价值1 000元，库存物资价值500元，盘亏固定资产一件原值5 000元、已折旧2 000元。经成员代表会议讨论通过以上损失全部由合作社承担。其分录为：

①盘亏产品物资时：

借：其他支出　1 500

　　贷：产品物资——产成品　1 000

　　　　产品物资——物资　500

②盘亏固定资产时：

借：其他支出　3 000

　　累计折旧　2 000

　　贷：固定资产　5 000

【例 4-3-16】 某合作社用银行存款11 000元归还到期借款10 000元，同时支付利息1 000元。其分录为：

借：短期借款——×银行　10 000

　　其他支出——利息支出　1 000

　　贷：银行存款　11 000

【例 4-3-17】 某企业欠合作社货款10 000元，该企业现已破产，且无资产可以偿债，已无法收回这笔款项，经批准准予核销。其分录为：

借：其他支出　10 000

　　贷：应收款——某企业　10 000

【例 4-3-18】 工商执法检查查出合作社超范围经营，按规定处罚1 000元。会计分录为：

借：其他支出——罚款　1 000

　　贷：银行存款　1 000

【例 4-3-19】 某合作社向灾区捐赠2 000元，会计分录为：

借：其他支出——捐款　2 000

贷：库存现金　2 000

【例 4-3-20】　年末，某合作社提取公益性资产折旧，资产原值 80 000 元，按年综合折旧率 10％计提。其分录为：

借：其他支出——折旧费　8 000

贷：累计折旧　8 000

【例 4-3-21】　某合作社年终结转：应支付某村集体经济组织以财政支农资金投资的资产收益 80 000 元，应支付财政专项扶贫资金量化到本社贫困成员名下的债权性投资的收益 100 000元。其分录为：

①结算债权性投资收益时：

借：其他支出——资产收益　180 000

贷：应付款——某村　80 000

成员往来——×××　100 000

②支付村集体经济组织时：

借：应付款——某村　80 000

贷：银行存款　80 000

③支付本社贫困成员时：

借：成员往来——×××　100 000

贷：库存现金　100 000

【例 4-3-22】　年终，某合作社将当年其他支出 150 000 元转入本年盈余。其分录为：

借：本年盈余　150 000

贷：其他支出　150 000

第四节　盈余及盈余分配的核算

一、盈余分配前的基础工作

1. 准确计算盈余并编制科目余额表　农民合作社在盈余分配前，应当编制科目余额表。要按照权责发生制原则的规定，核准当年的收入和支出；要根据各收入和支出账户的发生额及余额，准确计算应计入当年的收入和支出；计算当年获得的盈余，按照盈余分配方案进行分配。

2. 清理债权债务　在盈余分配前，农民合作社必须对"应收款"、"应付款"、"成员往来"、"短期借款"、"长期借款"等账户反映的债权债务进行全面清理核实。对因特殊原因不能支付的费用和不能及时收回的收入，要按照会计制度的规定做好账务处理；对到期尚未收回的债权，要及时进行清理；对各项到期的债务，要积极偿还，并按约定支付利息。要尽可能确保在当年分配时，将各种应收、应付的款项结清，不留拖欠。

3. 要真实、准确登记个人账户　在盈余分配前，农民合作社应当做好"成员明细账"的登记、调整、核查工作。登记主要是根据成员出资情况、合作社与成员之间的交易情况和合作社收到的扶持资金、捐赠资金情况等，准确记录"成员明细账"；调整主要是根据成员变动情况，准确对合作社接受的扶持资金、捐赠资金形成的资产和公积金进行平均量化；核查主要是对"成员明细账"记载的内容的准确性进行全面检查，确保"成员明细账"记录的内容准确无误。收益分配后，要及时将成员实际应得的盈余返回金额、剩余盈余金额和其他分配金额，在"成员明细账"进行登记。

4. 要进行资产盘存　在盈余分配前，农民合作社应当组织有关人员开展全面的资产盘存。要按照规定对资产盘存结果进行处理，对盘盈、盘亏事项，要根据不同的性质，做好账务处理；对需要调整的账目，要根据盘存结果的性质、发生原因及时进行调整。要在盈余分配前做到账实相符。

二、盈余的核算

盈余是指农民合作社在一定会计期间通过从事生产经营服务和管理活动所取得的净收入。它反映合作社在一定时期内的财务成果，是反映合作社经济活动效果的一项重要指标。其计算公式为：

本年盈余＝经营盈余＋其他收入－其他支出

其中：经营盈余＝经营收入＋投资净盈余－经营支出－管理费用

其中投资净盈余是指投资盈余扣除投资损失后的净额。投资盈余是农民合作社对外投资分得的利润、股利和债券利息，以及投资到期收回或者中途转让取得的款项高于账面价值的差额。投资损失是合作社投资到期收回或者中途转让取得的款项低于账面价值的差额。在会计账簿上，投资净盈余反映为"投资收益"账户的年末贷方余额，投资损失反映为"投资收益"账户的年末借方余额。

为了反映和监督盈余的形成情况，农民合作社在总分类账中应当设置"本年盈余"账户。年终结转合作社已取得的各项收入时，借记"经营收入"、"投资盈余（净盈余）"、"其他收入"科目，贷记"本年盈余"科目；结转费用支出时，借记"本年盈余"科目，贷记"经营支出"、"管理费用"、"其他支出"、"投资收益（净损失）"科目；将本年盈余结转到"盈余分配"账户进行分配时，借记"本年盈余"科目，贷记"盈余分配——未分配盈余"科目。"本年盈余"账户结转后无余额。

【例 4-4-1】 某合作社年终将当年实现的经营收入 300 000元、其他收入 50 000 元、投资净盈余 50 000 元，进行结转。其分录为：

借：经营收入　300 000
　　其他收入　50 000
　　投资收益　50 000
　贷：本年盈余　400 000

【例 4-4-2】 某合作社年终将当年发生的经营支出 200 000元、管理费用 80 000 元、其他支出 20 000 元，进行结转。其分录为：

借：本年盈余　300 000

　　贷：经营支出　200 000

　　管理费用　80 000

　　其他支出　20 000

【例 4-4-3】　某合作社将当年实现的盈余 100 000 元转入盈余分配。其分录为：

借：本年盈余　100 000

　　贷：盈余分配——未分配盈余　100 000

三、盈余分配的核算

盈余分配是农民合作社对当年所实现的盈余连同以前年度的未分配盈余按照一定的标准在有关单位和个人之间进行分配。根据《农民专业合作社会计制度（试行）》的规定，合作社已经实现的盈余，一般应当按照以下顺序进行分配：①弥补亏损；②提取盈余公积；③向外来投资者分红；④按交易额（费）分红；⑤按投入资金分红；⑥其他分配。

1. 弥补亏损　即合作社用本年度实现的盈余弥补以前年度的亏损。

2. 提取盈余公积　合作社为了增加经济实力，强化生产能力和服务功能，可以在盈余分配时按照一定比例提取盈余公积。盈余公积提取的比例和份额由合作社依据有关政策规定，制定符合实际情况的提取标准，经成员或成员代表会议审议通过后执行。合作社提取的盈余公积可以用于转增资本，扩大资本积累。

3. 外来投资分红　即合作社根据非成员投资总额、合同约定和当年效益情况，在盈余分配时提取资金用于向投资者分红。分配情况要向成员公布。

4. 成员分配　成员是合作社的主人，成员与合作社的交易额（量）是合作社的生命所在，合作社当年的经营成果在提取上述各项资金后的剩余部分，应当向所属成员进行分配。分配时要按可分配盈余不低于 60% 的比例，按成员与合作社的交易额（量）进行分配，按不高于 40% 的比例按成员出资额分配。合作社在盈余分配时，要制订分配方案，经成员会议或成员代表会议审议通过后执行。

5. 其他分配　合作社对当年的盈余，除对上述各项分配外的其他应该从盈余中进行分配的事项，要合理划分，确保合作社各项事业的顺利发展。

农民合作社在进行盈余分配前，对当年的盈余以及应该分配的各分配项目和分配比例，应当编制盈余分配方案。盈余分配方案应当经成员或成员代表会议审议通过后才能执行，确定的盈余分配方案要向全体成员公布。

为了反映和监督盈余分配情况，农民合作社在总分类账中应当设置"盈余分配"账户，准确核算农民合作社对盈余的分配和亏损弥补情况，以及分配后的盈余结存情况。"盈余分配"总账账户要设置"各项分配"和"未分配盈余"两个二级账户进行明细核算。合作社按照分配方案提取公积金、进行外来投资分红和分配成员时，借记"盈余分配——各项分配"科目，贷记"盈余公积"、"应付盈余返还"、"应付剩余盈余"、"应付款"等账户；年终，合作社将取得的盈余总额从"本年盈余"账户中转入本账户时，借记"本年盈余"科目，贷记"盈余分配——未分配盈余"科目；将"盈余分配——各项分配"账户余额转入"盈余分配——未分配盈余"账户时，借记"盈余分配——未分配盈余"科目，贷记"盈余分配——各项分配"科目。年度终了，"盈余分配——各项分配"账户应无余额，"盈余分配——未分配盈余"账户的贷方余额为合作社历年积存的未分配盈余总额，借方余额为历年积存的未弥补的亏损总额。合作社用本年未分盈余弥补亏损时，不需要进行账务处理。

年终结账后，如果出现盈余计算不准确或有未入账盈余事项，需要调整盈余时，应当在"盈余分配——未分配盈余"账户中进行调整。增加盈余时，借记有关科目，贷记"盈余分配——未分配盈余"科目；减少盈余时，借记"盈余分配——未分配盈余"科目，贷记有关科目。

【例 4-4-4】　某合作社年终结转后，当年未分配盈余总额为200 000 元，分配方案决定分配 180 000 元，其分录为：

借：盈余分配——未分配盈余　180 000

　贷：盈余分配——各项分配　180 000

【例 4-4-5】　某合作社年终对盈余的 180 000 元进行分配：按照《章程》相关规定，提取盈余公积 18 000 元，按交易量返还成员 60%，即 97 200 元；以合作社成员账户中记载的出资额和公积金份额以及本社接受国家财政直接补助和他人捐赠形成的财产平均量化到成员的份额分配 40%，即分配剩余盈余 64 800元。会计分录为：

①提取盈余公积时：

借：盈余分配——各项分配　18 000

　贷：盈余公积　18 000

②按交易量返还时：

借：盈余分配——各项分配　97 200

　贷：应付盈余返还——×××　97 200

③按出资额等返还时：

借：盈余分配——各项分配　64 800

　贷：应付剩余盈余——×××　64 800

【例 4-4-6】　某合作社为县政府确定的资产收益扶贫实施主体。

（1）现收到县财政部门转来的财政专项扶贫资金 500 000元。在未量化到贫困户前应作以下会计分录：

借：银行存款　500 000

　贷：应付款——应付专项扶贫资金　500 000

（2）按照有关规定，合作社决定将500 000元财政专项扶贫资金以股权投资形式量化到本社建档立卡贫困户赵四等30个成员，共涉及贫困人口120人。其分录为：

借：应付款——应付专项扶贫资金　500 000

　　贷：股金——扶贫股——赵四等30户　500 000

财政专项扶贫资金量化到贫困户的扶贫股应当设立扶贫股专账进行核算。

（3）如果该项资金为债权形式投资，并量化到本社建档立卡的贫困户，则其分录为：

借：应付款——应付专项扶贫资金　500 000

　　贷：长期借款——专项应付款——赵四等30户　500 000

财政专项扶贫资金以债权投资量化到贫困户的专项应付款应当设立扶贫专项应付款专账进行核算。

（4）年终，合作社按照投资协议规定，按10%的比例向贫困户成员持有的扶贫股分配盈余50 000元。其分录为：

①分配时：

借：盈余分配——其他分配——扶贫股　50 000

　　贷：成员往来——赵四等30户　50 000

②结转分配时：

借：盈余分配——未分配盈余　50 000

　　贷：盈余分配——其他分配——扶贫股　50 000

③提取现金时：

借：库存现金　50 000

　　贷：银行存款　50 000

④发放投资收益时：

借：成员往来——赵四等30户　50 000

　　贷：库存现金　50 000

（5）如果该项投资为债权投资时，按投资协议约定年收益为10%，即支付50 000元投资收益。其分录为：

①计提投资收益时：

借：其他支出——应付投资收益　50 000

　　贷：成员往来——赵四等30户　50 000

②支付投资收益时：

借：成员往来——赵四等30户　50 000

　　贷：库存现金　50 000

【例4-4-7】　某合作社为县政府确定的资产收益扶贫实施主体。

（1）现收到县财政部门转来的财政支农资金700 000元。在未量化前应作以下会计分录：

借：银行存款　700 000

　　贷：应付款——应付财政支农资金　700 000

（2）按照有关规定，合作社将其中的200 000作为国家投资，500 000元作为扶贫资金以股权形式量化给本社建档立卡贫困户成员张三等30个成员，共涉及贫困人口110人。其分录为：

①200 000元国家投资的账务处理：

借：应付款——应付财政支农资金　200 000

　　贷：专项应付款——国家投资——支农资金　200 000

②500 000元折股量化给张三等30户贫困户成员的账务处理：

借：应付款——应付财政支农资金　500 000

　　贷：股金——扶贫股——张三等30户　500 000

财政支农资金以股权形式或债权形式量化给本社贫困户成员后投资收益的分配与财政专项扶贫资金量化给贫困户成员后投资收益的相关账务处理相同。

【例4-4-8】　某农民合作社收到某村集体经济组织以股权形式投入财政专项扶贫资金300 000元，双方约定以年10%的固定比率参加盈余分配；以债权形式投入财政支农资金200 000元，双方约定以8%的比率获得投资收益。其分录为：

（1）接受投资时：

借：银行存款　500 000

　　贷：长期借款——某村　200 000

　　　　股金——某村　300 000

（2）年终结算股权投资收益的账务处理：

①盈余分配时：

借：盈余分配——其他分配——某村　30 000

　　贷：应付款——某村　30 000

②结转盈余分配时：

借：盈余分配——未分配盈余　30 000

　　贷：盈余分配——其他分配——某村　30 000

③转付盈余时：

借：应付款——某村　30 000

　　贷：银行存款　30 000

（3）年终结算债权投资收益的账务处理：

①计提投资收益时：

借：其他支出——应付投资收益　20 000

　　贷：应付款——某村　20 000

②结付投资收益时：

借：应付款——某村　20 000

　　贷：银行存款　20 000

【例4-4-9】　某农民合作社与某村签订资产收益扶贫协议，约定村集体经济组织以闲置土地入股合作社，共计280亩，折价2 600 000元，投资期限为20年，年享受固定收益130 000元。其分录为：

①接受投资时：

借：无形资产——土地使用权　2 600 000

　　贷：股金——某村　2 600 000

②年终分配时：

借：盈余分配——其他分配　130 000

　　贷：应付款——某村　130 000

③结转分配时：

借：盈余分配——未分配收益　130 000

　　贷：盈余分配——其他分配　130 000

④转付某村时：

借：应付款——某村　130 000

　　贷：银行存款　130 000

本例如果双方约定为债权投资，年投资收益为 130 000，则其分录为：

①接受投资时：

借：无形资产——土地使用权　2 600 000

　　贷：长期借款——某村　2 600 000

②年终计提投资收益时：

借：其他支出——应付投资收益　130 000

　　贷：应付款——某村　130 000

③转付某村时：

借：应付款——某村　130 000

　　贷：银行存款　130 000

第五章 农民合作社的合并、分立、解散、破产与清算的核算

合并、分立、解散、破产与清算是农民合作社发展过程中不可避免的情况，合作社发生合并、分立、解散、破产与清算事项时，应当根据实际情况做好账务处理。

第一节 农民合作社合并的账务处理

合并是指两个或者两个以上的农民合作社根据法定程序合并为一个合作社的行为。合作社的合并主要有两种形式：一种是吸收合并，即一个合作社接纳另一个或其他一个以上的合作社加入本合作社，这种形式的特点是接纳方继续存在，加入方解散并失去原法人资格；另一种是新设合并，即一个合作社与另一个或其他一个以上的合作社合并设立一个新的合作社，这种形式的特点是原合并各合作社全部解散，并失去原法人资格。合作社合并时，合并各方的债权、债务应当由合并后存续或者新设的合作社承继。农民合作社的合并程序主要包括：

1. 签订合并意向书：意向书要列明合作社合并的相关事项，并提交成员会议审议通过。

2. 成员会议作出决议：有意向合并的各合作社，应当分别召开成员会议就是否合并、如何合并等事项作出决议。成员会议

做出的合并决议，应当由本社成员表决权总数的 2/3 以上通过，章程对表决权数有较高规定的，从其规定。

3. 签订合并协议：合并协议一般应当包括以下内容：

（1）同意合并的各合作社名称、住所；

（2）合并后存续合作社或新设合作社的名称、住所；

（3）合并各合作社债权、债务的处理办法；

（4）合并各合作社的资产状况及其处理办法；

（5）存续或新设的合作社因合并而新增的股金总额；

（6）合并各方认为需要说明的其他事项。

4. 通知债权人：合作社合并，应当自合并决议作出之日起 10 日内通知债权人。

5. 财产清查：加入方应对本合作社的各项资产进行全面清查登记，同时对债权债务进行全面核对查实。

6. 对合并业务进行账务处理。

7. 编制财产清单和会计报表：加入方开始清理财产时，要编制资产负债表、损益表和盈余及盈余分配表。对财产清查过程中发现的以下情况，要填入资产负债表补充资料中。

（1）无法收回的应收款项；

（2）盘亏、毁损和报废的存货；

（3）无法收回的对外投资；

（4）死亡毁损的农业资产；

（5）盘亏、毁损和报废的固定资产；

（6）毁损和报废的在建工程；

（7）注销和无效的无形资产。

财产清查完毕，合作社应当向农村经营管理部门移交资产负债清册，并编制资产负债表。接纳方合作社在合并时，应当编制合并日的资产负债表，并报农村经营管理部门备案。

8. 依法进行登记：合作社合并后，应当及时向工商行政管理部门办理变更或新设法人登记手续。合并后解散的合作社，应当依法办理注销登记。

9. 移交会计档案：加入方合作社办理产权转移手续后，要将会计档案移交给接纳方合作社保管。

一、加入方的账务处理

农民合作社采取吸收合并方式进行合并的，应当以接纳方为主，对加入方视同新成员入社进行账务处理；采用合并方式成立新农民合作社的，应当视同新成立合作社进行账务处理。

1. 对财产清查结果的账务处理 农民合作社在财务清查中出现的盘盈、盘亏和无法收回的债权、无法偿付的债务，都应当作出账务处理。财产的盘盈贷记"其他收入"科目，财产的盘亏除能确定直接责任者外，应借记"其他支出"科目；按程序经确认无法收回的债权借记"其他支出"科目，无法归还的债务贷记"其他收入"科目。对财产清查过程中发现的资产盘盈、盘亏、毁损、报废等，应当按照会计制度的规定计入当期损益，同时转销相关资产的账面价值。

【例 5-1-1】 某养殖合作社并入其他合作社进行资产清查时，发现库存饲料损失 500 元，无法收回的应收款 1 000 元，一台设备报废，原值 20 000 元，已提折旧 18 000 元，经成员代表会议审议通过决定以上损失由合作社承担；合作社用库存产品偿还 5 000 元债务。其分录为：

①盘亏存货的账务处理：

借：其他支出　500

　　贷：产品物资——饲料　500

②无法收回的应收款的账务处理：

借：其他支出　1 000

　　贷：应收款——×××　1 000

③报废固定资产的账务处理：

借：固定资产清理——设备　2 000

累计折旧　18 000

　　贷：固定资产　20 000

借：其他支出　2 000

　　贷：固定资产清理——设备　2 000

④偿还债务的账务处理为：

借：应付款——×××　5 000

　　贷：产品物资——产品　5 000

2. 结账　农民合作社合并时要将本社的账目全部结清。合作社结账时应当按照归集本期收入和支出、计算本期盈余、进行分配的顺序进行；结账后对形成的亏损，经批准后，应当先冲减盈余公积，盈余公积不足的再冲减资本公积，仍不足的再冲减股金。账务处理时借记"盈余公积"、"资本公积"、"股金"科目，贷记"盈余分配——未分配盈余"科目。

【例 5-1-2】　某蔬菜生产合作社在合并前，经结算本期亏损100 000元，以前年度未分配盈余 20 000 元，累计亏损 80 000 元。合并前，本合作社共有股金 500 000 元，盈余公积 70 000 元，资本公积 5 000 元，专项基金 100 000 元。处理累计亏损的会计分录为：

借：盈余公积　70 000

　　资本公积　5 000

　　股金——×××　5 000

　　贷：盈余分配——未分配盈余　80 000

3. 按出资额明晰产权关系的账务处理　按照协议约定合并的农民合作社，在结账后要计算出净资产，并按照成员出资额将净资产的产权明晰到每个成员名下。

【例 5-1-3】　某合作社合并前经结账计算实有股金 300 000元，专项基金 100 000 元，结账时共有成员 120 人，每个成员持有的股金额相等，合作社撤销前，有 20 人办理退社手续，合作社提取现金付其股金。其分录为：

①取现金时：

借：库存现金　50 000

　　贷：银行存款　50 000

②返还成员股金时：

借：股金　50 000

　　贷：库存现金　50 000

合作社成员退社时，只能退股金份额，不能退专项基金。

二、接纳方的账务处理

农民合作社作为接纳方，应当以加入方合作社的资产负债表为基准数，借记所有资产类科目余额，贷记所有负债和权益类科目余额。合并事项发生的各项直接费用，如审计费、法律服务费等，应当计入当期损益。新成员应当按照合并协议确定的成员权益，开设成员账户。

【例5-1-4】 例5-1-3中的合作社封账时，有股东100人，股金250 000元，每位股东股金2 500元。有专项基金100 000元，产品物资20 000元，固定资产300 000元，已提折旧60 000元，应收款50 000元，应付款20 000元，成员往来借方40 000元、贷方10 000元，银行存款30 000元。该合作社现加入富民养殖合作社时，富民养殖合作社的会计分录为：

借：固定资产——×××　300 000

　　产品物资——×××　20 000

　　应收款——×××　50 000

　　成员往来——×××　40 000

　　银行存款　30 000

　　贷：股金——×××　250 000

　　　　专项基金　100 000

　　　　累计折旧　60 000

　　　　应付款——×××　20 000

　　　　成员往来——×××　10 000

第二节　农民合作社分立的账务处理

分立是指农民合作社依据法律规定，通过成员会议决议将一个合作社分成两个或者两个以上的合作社。合作社的分立有两种形式：一种是存续分立，即合作社以其部分财产和业务设立另外一个或一个以上的具有法人资格的合作社，本合作社存续；另一种是解散分立，即合作社将全部财产归入两个或两个以上的具有法人资格的合作社，原合作社解散，并失去法人资格。合作社分立的程序与合作社合并的程序基本一致，主要包括：

1. 制订分立方案：分立方案的内容主要包括分立形式、分立后原合作社的地位、分立后的章程、管理人员及固定员工安排方案、拟分立各方对原合作社财产的分割方案、拟分立各方对原合作社债权债务的承继方案等。

2. 召开成员会议审议通过分立方案。

3. 签订分立协议：协议内容要对分立方案具体化。分立协议中应当对原合作社资产的分割、分立后的各合作社对原合作社债权债务的承继、分立后的各合作社营业范围的划分及其他相关问题都应当做出明确约定。

4. 通知债权人。

5. 组织财产清查。

6. 编制相关会计报表。

7. 对分立的相关业务进行账务处理。

8. 分立的合作社办理登记手续。

9. 整理、归档相关档案：存续分立的合作社，分立前的档案应当由存续的合作社继续保管；解散分立的合作社，分立前档案的保管应当由分立各方协商确定，也可由主管单位指定分立的合作社保管。

农民合作社分立的账务处理应当按照下列原则进行：采取存

续分立方式分立的，约定以存续方合作社为主，对分立方合作社视同成员退社进行账务处理。采用解散分立方式分立的，应当视同原合作社解散，按合作社解散的有关规定进行账务处理，分立的合作社按新成立合作社的有关规定处理。合作社应当按照分立程序的要求，在分立前，做好财产清查工作，清查内容和方法与合作社合并的财产清查要求基本一致。

农民合作社采取解散分立方式的，对尚未处理的亏损，经批准后，要先冲减盈余公积，盈余公积不足的再冲减资本公积，仍不足的再冲减股金。账务处理时借记"盈余公积"、"资本公积"、"股金"科目，贷记"盈余分配——未分配盈余"科目。

【例 5-2-1】 某粮食加工合作社经成员会议决定，合作社分设具有独立法人资格的粮食生产合作社，入股成员相应分开，原合作社继续经营。粮食生产合作社分得固定资产 150 000 元，应收款 50 000 元，应付款 20 000 元，产品物资 10 000 元，股金 190 000 元。

①粮食加工合作社账务处理的会计分录为：

借：股金——×××　190 000

　　应付款——×××　20 000

　　贷：固定资产——×××　150 000

　　　　应收款——×××　50 000

　　　　产品物资——×××　10 000

分立后存续的粮食加工合作社要相应调整有关账目和成员账户，明晰成员权益。

②分设的粮食生产合作社账务处理的会计分录为：

借：固定资产——×××　150 000

　　应收款——×××　50 000

　　产品物资——×××　10 000

　　贷：股金——×××　190 000

　　　　应付款——×××　20 000

益"账户的借方，结转后本账户无余额。"清算损益"账户用于核算合作社清算期间所发生的各项收益和损失。清算收益记入"清算损益"账户的贷方，清算损失记入"清算损益"账户的借方，最后将清算费用全部转入本账户的借方。清算结束时，"清算损益"账户的借方余额表示清算净损失，若为贷方余额则表示清算的净收益。

（2）账务处理程序。农民合作社解散清算的账务处理程序为：

①编制解散日的资产负债表；

②归集清算费用；

③核算变卖财产物资的损益；

④核算收回债权、清偿债务及损益；

⑤核算弥补以前年度亏损；

⑥核算剩余财产及其分配；

⑦编制清算损益表、清算结束日的资产负债表。

2. 解散清算时财产处置应遵循的原则

（1）清算财产包括农民合作社宣布清算时的全部财产以及清算期间取得的资产。已经依法作为担保物的财产，与担保债务相当的部分，不属于清算财产范围；担保物的价款超过所担保的债务数额的部分，属于清算财产范围。清算期间，未经清算小组同意，不得处置合作社财产。

（2）农民合作社清算过程中发生的财产盘盈或者盘亏，财产变价净收入，因债权人原因确实无法归还的债务，因债务人原因确实无法收回的债权，以及清算期间的经营收益或损失等，应当计入清算收益或者清算损失。清算财产的作价一般以账面净值为依据，也可以以重估价值或者变现收入等为依据。

（3）农民合作社接受国家财政直接补助形成的财产，在解散清算时，不能作为可分配剩余资产分配给成员。

分立后新设立的粮食生产合作社要按《农民专业合作社财务会计制度（试行）》的规定，设置会计科目，登记会计账簿，进行会计业务核算。

【例 5-2-2】 某养殖合作社经股东大会决定，将原合作社分为蛋鸡养殖合作社和肉鸡养殖合作社，成员也相应分开，原合作社注销。原合作社的资产、权益情况为：固定资产 300 0000 元、应收款 200 000 元、产品物资 300 000 元，股金 200 0000 元、专项资金 500 000、应付款 1 000 000 元。蛋鸡养殖合作社分得固定资产 200 0000 元、应收款 100 000 元、产品物资 200 000 元，股金 1 300 000 元、专项基金 300 000 元、应付款 700 000 元；肉鸡养殖合作社分得固定资产 1 000 000 元、应收款 100 000 元、产品物资 100 000 元，应付款 300 000 元，股金 700 000 元，专项基金 200 000 元。

①原养殖合作社按合作社解散的有关规定进行账务处理。

②蛋鸡养殖合作社账务处理的会计分录为：

借：固定资产——×××　200 0000
　　应收款——×××　100 000
　　产品物资——×××　200 000
　　贷：股金——×××　1 300 000
　　　　应付款——×××　700 000
　　　　专项基金　300 000

③肉鸡养殖合作社账务处理的会计分录为：

借：固定资产——×××　1 000 000
　　应收款——×××　100 000
　　产品物资——×××　100 000
　　贷：股金——×××　700 000
　　　　应付款——×××　300 000
　　　　专项基金　200 000

第三节　农民合作社解散清算的账务处理

　　农民合作社的解散，是指因发生法律或章程规定的除破产以外的事由而停止业务活动的情形。合作社解散，应当处理未了事务，并组织开展清算。《农民专业合作社法》明确导致合作社解散的原因主要有四种：一是章程规定的解散事由出现；二是成员会议决议解散；三是因合并或者分立需要解散；四是依法被吊销营业执照或者被撤销。

一、农民合作社解散清算的账务处理

　　解散清算是指农民合作社解散后，依照一定程序处理相关事务，收回债权、清偿债务，处理剩余财产的清理结算程序。解散清算不同于破产清算，清算组要在农村经营管理部门指导和监督下清户还债和分配剩余财产。解散清算的一般程序为：

　　（1）成立清算机构；

　　（2）编制清算前的会计报表；

　　（3）进行财产清查，编制清查后的资产负债表和财产清单；

　　（4）制订清算方案；

　　（5）回收债权、清偿债务；

　　（6）分配剩余财产；

　　（7）清算结束，办理注销登记。

　　农民合作社因合并分立解散的，不需要进行清算。合作社因章程规定的解散事由出现、成员会议决议解散及依法被吊销营业执照或者被撤销等原因解散的，应当在解散事由出现之日起 15 日内，由成员会议推举成员组成清算组，开始解散清算。逾期不能成立清算组的，成员、债权人可向人民法院申请指定成员组成清算组进行清算。清算小组在清算期间，理事会、理事、经理应当停止执行职务，由清算组行使管理合作社业务和财产的职权。清算组的主要职责包括：

（1）清算组自成立之日起 10 日内通知合作社成员和债权人，并于 60 日内在报纸上公告。债权人应当自接到通知之日起 30 日内，未接到通知的自公告之日起 45 日内，向清算组申报债权。如在规定期间内全部成员、债权人均已收到通知，清算组则可免除公告义务。债权人申报债权，应当说明债权的有关事项，并提供证明材料。清算组应当对债权进行登记。债权申报期间，清算组不准对债权人进行清偿。

（2）制订清算方案。清算组在清理合作社财产、编制资产负债表和财产清单后，要制定清偿合作社员工工资及社会保险费用，清偿所欠债务，编制分配剩余财产方案。清算方案应当经成员会议通过或者主管部门确认。如发现财产不足以清偿债务，清算组应当停止清算工作，依法申请破产。合作社破产适用《破产法》的有关规定。

（3）实施清算方案。清算方案的实施程序是：支付清算费用；清偿员工工资及社会保险费用；清偿所欠债务；按财产分配的规定向成员分配剩余财产。

（4）清算结束后清算组应当提出清算报告并编制清算期内收支报表，报送主管部门，并到相关部门办理注销登记。

（5）清算组成员要忠于职守，依法履行清算义务，因故意或者重大过失给合作社成员及债权人造成损失的，应当承担赔偿责任。

1. 解散清算的账务处理程序

（1）设置账户。农民合作社解散清算时，应当设置"清算费用"和"清算损益"两个基本账户，用来反映、核算和监督清算的相关事项。"清理费用"账户用于核算合作社清算期间所发生的各项费用支出。发生的清算费用记入本账户的借方，在清算结束时，将清算费用的全部发生额从本账户的贷方转入"清算损

（4）农民合作社因章程规定的解散事由出现的原因解散时，不能办理成员退社手续。

（5）农民合作社在宣布终止前 6 个月至终止之日的期间内，下列行为无效，已经发生的清算小组有权追回其财产，作为清算财产入账：

①隐匿私分或者无偿转让财产；

②低价处理财产；

③对原来没有财产担保的债务提供财产担保；

④对未到期的债务提前清偿；

⑤放弃自己的债权。

3. 解散清算时财产的计价方法

（1）账面净值法。即以财产的账面净值为标准对清算财产作价的计价方法。为了简化手续，农民合作社解散清算对财产计价时可以根据当期的会计资料，无论是实物资产，还是货币资产，都按账面净值作价。该方法的特点是符合历史成本原则，而且简单方便。这种方法适用于账面价值与实际价值相差不大的财产的计价。

（2）重新估价法。即以财产的现行市场价格为依据对清算财产作价的计价方法。在农民合作社终止时，由清算组认定的有资质的资产评估机构、会计事务所等，对合作社现存的财产物资、债权债务进行重新估价，以重估价值作价。重估增值与重估减值相抵后的余额作为清算损益处理。这种方法适用于对账面价值与实际价值相差很大，或合作社合同、章程、投资各方协议中规定合作社解散时应当按重估价值作价的财产的计价。

（3）变现收入法。即以出售清算财产或处理时的成交价格为依据来对清算财产作价的计价方法。农民合作社财产变现收入高于其账面价值的净值，作为清算损益处理。这种方法适用于对价值较小、数量零星的财产的计价。

（4）招标作价法。即通过招标以中标的价格为标准对清算财产作价的计价方法。这种方法适用于清算农民合作社大宗财产和成套设备等财产的计价。

4. 解散清算时债权债务的处理原则 债权人对农民合作社解散清算小组申报债权时，必须明确提供债权内容、数额、时间、地点、有无担保等事项及相关证明材料。在债权人申报期内，清算组不能对债权人的债权进行清偿。在偿债时，合作社成员与本社因发生交易所形成的债权具有优先受偿的权利。

【例 5-3-1】 某果业生产合作社因法定原因宣告解散，清算小组接管并进行清算。该合作社宣告解散时有股金 150 000 元，资本公积 20 000 元，盈余公积 10 000 元，未分配盈余 8 000 元。在清算过程中收回应收款 13 000 元，确认无法回收的应收款 2 000 元；变卖产品物资收入 25 000 元，损失 7 000 元；变卖固定资产收入 60 000 元，按账面净值损失 23 000 元；偿还债务 14 000元；清算小组发生差旅费 3 000 元，工资 6 000 元，办公费 3 000 元；剩余财产分配给股东。其账务处理为：

①收回应收款时：

借：库存现金 13 000

　　贷：应收款——××× 13 000

②处理无法收回的应收款时：

借：清算损益 2 000

　　贷：应收款——××× 2 000

③变卖产品物资时：

借：库存现金 25 000

　　贷：产品物资——××× 25 000

④处理产品物资损失时：

借：清算损益 7 000

　　贷：产品物资——××× 7 000

⑤变卖固定资产时：

借：库存现金　60 000

　　贷：固定资产——×××　60 000

⑥处理固定资产损失时：

借：清算损益　23 000

　　贷：固定资产——×××　23 000

⑦偿还债务时：

借：应付款——×××　14 000

　　贷：库存现金　14 000

⑧支付清算费用时：

借：清算费用　12 000

　　贷：库存现金　12 000

⑨结转清算费用时：

借：清算损益　12 000

　　贷：清算费用　12 000

⑩结转清算损益时：

冲减时应当按照未分配盈余、盈余公积、资本公积、股金依次冲减。

借：盈余分配——未分配盈余　8 000

　　盈余公积　10 000

　　资本公积　20 000

　　股金——×××　6 000

　　贷：清算损益　44 000

⑪分配剩余财产时：

借：股金——×××　144 000

　　贷：库存现金　144 000

农民合作社清算费用和损益情况应当编制清算损益表。其格式如表5-1所示。

表 5-1　清算损益表

编制单位：　　　　年　月　日　　　　　　　　单位：元

项　目	金　额
一、清算收益	
二、清算损失	32 000
三、清算费用	12 000
1. 办公费	3 000
2. 差旅费	6 000
3. 人员工资	3 000
4. 评估费	
5. 其他费用	
四、清算净收益	−44 000

注：本表应当于清算结束日编制。

第四节　农民合作社破产清算的账务处理

一、农民合作社的破产

破产是指农民合作社在不能清偿全部到期债务时，经债权人或合作社向有管辖权的人民法院提出申请，由人民法院经过审理，依法宣告合作社破产，并将合作社的全部财产公平清偿给所有债权人的法定程序。

二、破产清算

破产清算是指农民合作社因被法院依法宣告破产而进行的清算。因资不抵债发生的破产清算，若由合作社向法院提出破产申请，则为自愿性申请；若由债权人提出破产申请，则为非自愿性申请。合作社提出破产申请时，应当说明合作社的亏损情况，提交有关会计报表、债务清册和债权清册。债权人提出破产申请时，应当提供关于债权数额、有无财产担保以及合作社不能清偿到期债务的有关证据。

1. 农民合作社破产清算应当履行的程序　破产清算是破产程序的重要组成部分。合作社一旦被宣告破产，破产程序便进入了破产清算阶段。

（1）农民合作社或债权人向人民法院申请合作社破产。

（2）法院受理破产申请后，对农民合作社的其他民事执行程序、财产保全程序必须中止，同时，应当及时通知合作社的开户银行停止办理合作社结算业务。开户银行支付维持合作社正常生产经营必需费用时，应当经人民法院许可。

（3）法院裁定宣告进入破产还债程序后，在 10 日内通知农民合作社的债务人和已知债权人，并发出公告。债权人应当在收到通知后 30 日内，未收到通知的债权人应当自公告之日起 3 个月内，向法院申报债权。逾期未申报债权的，视为放弃债权。债权人可以组成债权人会议，讨论破产财产的分配处理方案以及和解协议。

（4）由人民法院指定管理人。管理人可以由有关部门、机构的人员组成的清算组或者依法设立的律师事务所、会计事务所、破产清算事务所等社会中介机构担任。

（5）管理人负责农民合作社破产财产的保管、清理、估价、处理和分配。管理人可以依法进行必要的民事活动，他们对法院负责并报告工作，接受法院和债权人会议的监督。

（6）破产费用包括：破产案件的诉讼费用；管理、变价和分配债务人财产的费用；管理人执行职务的费用、报酬和聘用工作人员的费用。

（7）破产财产分配完毕，由管理人提请法院终结破产程序。破产程序终结后，未得到清偿的债权不再清偿。

（8）破产程序终结后，由管理人向农民合作社原登记机关办理注销登记。

2. 破产财产的变价　破产财产的变价，即破产财产的变现，是指破产管理人将破产财产中的非货币形式的财产，以变卖或拍卖的方式转变为货币资金的行为或过程。破产财产的变价，应当对破产财产依法进行评估。评估工作应当由具有评估资质的评估机构完成。破产财产一般采用拍卖或变卖的方式变现。

3. 破产财产应当按照以下顺序清偿

（1）拖欠成员的工资及社会保险费用；

（2）拖欠的税款；

（3）破产前与成员已发生交易但尚未结清的款项；

（4）其他各项债务。

农民合作社接受国家财政直接补助形成的财产，在破产清算时，不能作为可分配剩余财产分配给成员。

三、解散清算与破产清算的区别

解散清算与破产清算的区别主要体现在四个方面：

（一）依据不同

农民合作社破产清算的主要依据是《中华人民共和国企业破产法》，解散清算的主要依据是《农民专业合作社法》。破产清算具有法律强制性，解散清算具有一定的自主性。

（二）目的不同

破产清算的目的是破产还债，解散清算的目的是双重的，既包括清产还债，还包括清产分配。在一般情况下，解散清算在清偿完债务后都会有剩余财产，而破产清算在清偿债务后没有剩余财产。

（三）程序不同

破产清算适用于破产还债程序，清算组必须在人民法院指导和监督下工作；解散清算适用于清产还债程序，清算组在农村经营管理部门指导和监督下开展工作。

（四）法律后果不同

在破产清算中，对未能清偿的债权，破产清算结束，不再清偿，对农民合作社实行免责；解散清算在清算期间由于种种原因未得到清偿的债权人，即使清算结束，仍然有权追偿，对合作社不能实行免责。

第六章 会计报表

第一节 会计报表概述

一、会计报表的概念

会计报表是会计核算最后提出的结果，是反映农民合作社一定时期内经济活动情况的书面报告。合作社要按照规定及时、准确地编制会计报表，向登记机关、主管部门和有关单位报送，并按时置备于办公地点，供成员查阅。

二、编制会计报表的意义

编制会计报表是为了满足现有和潜在的投资者、债权人、政府及其机构对财务信息的需求，其最终目的是为社会资源的合理配置提供所需的会计信息。编制会计报表可以为农民合作社加强经营管理提供重要的经济信息。会计报表反映的信息不仅可以为国家经济管理部门进行宏观调控提供依据，而且可以为投资人和债权人进行科学决策提供重要依据。

三、编制会计报表的要求

会计报表所提供的信息应当真实可靠地反映农民合作社的财务状况和经营成果。因此，合作社编制会计报表时，在质量上必须保障会计报表数据真实可靠、指标相关可比、内容全面完整和便于理解，在时间上必须保障及时提供给使用者。合作社在编制会计报表时要做到：数据要真实可靠，要依据会计账簿的记录情况如实填写，使报表数据真实地反映合作社的财务状况、经营成果和盈余及其分配情况；计算要准确无误，确保报表中的每一个数字准确、计算无误、关系平衡；内容要完整无缺，要按报表项目的要求填报整齐，不能漏编，漏报；报送要及时，要按规定的时间和要求，及时报送有关会计报表。

四、会计报表的种类

按照《农民专业合作社会计制度（试行）》的规定，农民合作社应当编制以下会计报表：①资产负债表，②盈余及盈余分配表，③成员权益变动表，④科目余额表和收支明细表，⑤财务状况说明书等。合作社应当按照登记机关和主管部门规定的时限和要求，及时报送资产负债表、盈余及盈余分配表和成员权益变动表。

第二节　资产负债表

一、资产负债表的格式

资产负债表是反映农民合作社在某一特定日期财务状况的会计报表。通过资产负债表可以了解合作社在特定日期的资产总额及其拥有的经济资源的数量和分布情况；合作社的负债和资金来源的构成情况、合作社的所有者权益和资本构成情况以及合作社的偿债能力、投资实力和支付能力；通过不同时期资产负债表的对比分析，还可以了解合作社资金结构变化情况和财务状况的变动趋势。资产负债表是以"资产＝负债＋所有者权益"这一会计平衡公式为原理、根据账户式结构而编制的。资产负债表左边反映资产各项目，右边反映负债和所有者权益各项目，资产各项目的合计等于负债和所有者权益各项目的合计。资产负债表的格式如表6-1所示。

表 6-1　资产负债表

会农社 01 表

编制单位：×××　　　　　　2016 年度 12 月 31 日　　　　　　单位：元

资　产	行次	年初数	年末数	负债及所有者权益	行次	年初数	年末数
流动资产：				流动负债：			
货币资金	1	125 000	140 000	短期借款	30	100 000	110 000
应收款项	5	5 000	2 000	应付款项	31	50 000	70 000
存货	6	85 000	90 000	应付工资	32	10 000	20 000
流动资产合计	10	215 000	232 000	应付盈余返还	33	30 000	20 000
				应付剩余盈余	35		
				流动负债合计	36	190 000	220 000
长期资产：							
对外投资	11	20 000	30 000				
农业资产：				长期负债：			
牲畜（禽）资产	12			长期借款	40		
林木资产	13	120 000	150 000	专项应付款	41	80 000	90 000
农业资产合计	15	120 000	150 000	长期负债合计	42	80 000	90 000
固定资产：				负债合计	43	270 000	310 000
固定资产原值	16	180 000	200 000				
减：累计折旧	17	50 000	60 000		25		
固定资产净值	20	130 000	140 000	所有者权益：	26		
固定资产清理	21	—	—	股金	44	150 000	150 000
在建工程	22	60 000	70 000	专项基金	45	50 000	60 000
固定资产合计	25	190 000	210 000	资本公积	46	30 000	40 000
其他资产：				盈余公积	47	66 000	79 000
无形资产	27	21 000	17 000	未分配盈余	50		
长期资产合计	28	351 000	407 000	所有者权益合计	51	296 000	329 000
资产总计	29	566 000	639 000	负债和所有者权益总计	54	566 000	639 000

（续）

补充资料：	
项目	金额
无法收回、尚未批准核销的应收款项	
盘亏、毁损和报废、尚未批准核销的存货	
无法收回、尚未批准核销的对外投资	
死亡毁损、尚未批准核销的农业资产	
盘亏、毁损和报废、尚未批准核销的固定资产	
毁损和报废、尚未批准核销的在建工程	
注销和无效、尚未批准核销的无形资产	

二、资产负债表的编制方法

（一）年初数的填列方法

资产负债表中的"年初数"栏内各项数字，应当根据上年末资产负债表"期末数"栏内所列数字填列。如果本年度资产负债表规定的各个项目名称和内容与上年度不一致，则应当对上年末资产负债表各项目的名称和数字按照本年度的规定进行调整，将调整后的数字填入本表"年初数"栏，并予以书面说明。

（二）年末数的填列方法

资产负债表中的"年末数"栏内各项数字，应当按照以下方法填列：

（1）"货币资金" 该项目反映农民合作社库存现金、银行存款等货币资金的合计数。本项目应当根据"库存现金"、"银行存款"科目的年末余额合计数填列。

（2）"应收款项" 该项目反映农民合作社应收未收和暂付

的各种款项。本项目应当根据"应收款"账户和"成员往来"账户中有借方余额的各明细账户年末余额的合计数填列。

（3）"存货" 该项目反映农民合作社年末在库、在途和在加工中的各项存货的价值，包括库存材料、燃料、机械零配件、包装物、种子、化肥、农药、农产品、在产品、半产品、产成品等。本项目应当根据"产品物资"、"受托代销商品"、"受托代购商品"、"委托加工物资"、"委托代销商品"、"生产成本"科目年末余额的合计数填列。

（4）"对外投资" 该项目反映农民合作社的各种投资的账面余额。本项目应当根据"对外投资"科目的年末余额数填列。

（5）"牲畜（禽）资产" 该项目反映农民合作社购入或培育的幼畜及育肥畜和产役畜的账面余额。本项目应当根据"牲畜（禽）资产"科目的年末余额数填列。

（6）"林木资产" 该项目反映农民合作社购入或营造林木的账面余额。本项目应当根据"林木资产"科目的年末余额数填列。

（7）"固定资产原值"项目和"累计折旧" 该项目反映农民合作社固定资产的原值及已经计提的累计折旧额。这两个项目应当根据"固定资产"科目和"累计折旧"科目的年末余额数填列。

（8）"固定资产清理" 该项目反映农民合作社因出售、报废、毁损等原因转入清理但尚未清理完毕的固定资产的账面净值，以及固定资产清理过程中所发生的清理费用和变价收入等各项金额的差额。本项目应当根据"固定资产清理"科目的年末借方余额数填列；如为贷方余额，本项目数字应当以"—"号表示。

（9）"在建工程" 该项目反映农民合作社各项在建或虽已完工但尚未办理竣工决算和交付使用的工程项目实际成本。本项目应当根据"在建工程"科目的年末余额数填列。

（10）"无形资产" 该项目反映农民合作社持有的各项无形资产的账面余额。本项目应当根据"无形资产"科目的年末余额数填列。

（11）"短期借款" 该项目反映农民合作社借入尚未归还的一年期（含一年）以下的借款。本项目应当根据"短期借款"科目的年末余额数填列。

（12）"应付款" 该项目反映农民合作社应付未付及暂收的各种款项。本项目应当根据"应付款"科目年末余额和"成员往来"账户中有贷方余额的各明细账户的年末余额的合计数填列。

（13）"应付工资" 该项目反映农民合作社已提取但尚未支付的人员工资。本项目应当根据"应付工资"科目的年末余额数填列。

（14）"应付盈余返还" 该项目反映农民合作社按交易量（额）应支付但尚未支付给成员的可分配盈余返还。本项目应当根据"应付盈余返还"科目年末余额数填列。

（15）"应付剩余盈余" 该项目反映农民合作社成员账户中记载的根据出资额和公积金份额以及本社接受国家财政直接补助形成的财产和他人捐赠平均量化到本社成员的份额，应支付但尚未支付给成员的剩余盈余。本项目应当根据"应付剩余盈余"科目的年末余额数填列。

（16）"长期借款" 该项目反映农民合作社借入尚未归还的一年期以上（不含一年）的借款。本项目应当根据"长期借款"科目的年末余额数填列。

（17）"专项应付款" 该项目反映农民合作社实际收到国家财政直接补助而尚未使用和结转的资金数额。本项目应当根据"专项应付款"科目的年末余额数填列。

（18）"股金" 该项目反映农民合作社实际收到成员投入的股金总额。本项目应当根据"股金"科目的年末余额数填列。

（19）"专项基金"　　该项目反映农民合作社通过国家财政直接补助转入和他人捐赠形成的专项基金总额。本项目应当根据"专项基金"科目的年末余额数填列。

（20）"资本公积"　　该项目反映农民合作社资本公积的账面余额。本项目应当根据"资本公积"科目的年末余额数填列。

（21）"盈余公积"　　该项目反映农民合作社盈余公积的账面余额。本项目应当根据"盈余公积"科目的年末余额数填列。

（22）"未分配盈余"　　该项目反映农民合作社尚未分配的盈余。本项目应当根据"本年盈余"科目和"盈余分配"科目的年末余额计算填列；未弥补的亏损，在本项目内数字以"—"号表示。

第三节　盈余及盈余分配表

盈余及盈余分配表是反映农民合作社在一定期间内经营成果及其分配情况的报表。盈余及盈余分配表由本年盈余和盈余分配两部分组成。本年盈余反映在左方，主要包括经营收入、经营收益和本年盈余三个项目；盈余分配反映在右方，主要包括本年盈余、可分配盈余、年末未分配盈余三个项目。

盈余及盈余分配表把农民合作社在一定时期内的收入与实现这些收入相关的支出进行配比，以计算出该核算期间的净收益。通过盈余及盈余分配表所提供的收入、支出等数据，可以评价合作社的经营效率和经营成果，判断所有者投入的资本是否安全；可以对未来的经营状况、获利能力进行预测；分析合作社盈余分配的去向和结构，了解盈余在合作社和成员及其他单位或个人之间的分配情况。

一、盈余及盈余分配表的结构

盈余及盈余分配表通过表格形式来反映农民合作社的经营成果。合作社的盈余及盈余分配表采用单步式结构，即将当期所有的收入汇总在一起，然后将所有的支出也汇总在一起，通过一次计算求出当期盈余。盈余及盈余分配表由本年盈余和盈余分配两部分组成。各项目之间存在以下关系：

经营收入＋投资收益－经营支出－管理费用＋其他收入－其他支出＝本年盈余

年初未分配收益＋本年盈余＋其他转入－提取盈余公积－盈余返还－剩余盈余分配－其他分配＝年末未分配盈余

农民合作社的盈余及盈余分配表的格式如表 6-2 所示。

表 6-2 盈余及盈余分配表

××年度

会农社 02 表

编制单位：　　　　　　　　　　　　　　　　　　　　单位：元

项　目	行次	金额	项　目	行次	金　额
本年盈余			盈余分配		
一、经营收入	1		四、本年盈余	16	
加：投资收益	2		加：年初未分配收益	17	
减：经营支出	5		其他转入	18	
管理费用	6		五、可分配盈余	21	
二、经营收益	10		减：提取盈余公积	22	
加：其他收入	11		盈余返还	23	
减：其他支出	12		剩余盈余分配	24	
三、本年盈余	15		其他分配	25	
			六、年末未分配盈余	28	

二、盈余及盈余分配表的编制方法

1. "经营收入" 该项目反映农民合作社从事生产、销售、服务、劳务等经营活动取得的收入总额。本项目应当根据"经营收入"科目的发生额分析填列。

2. "投资收益" 该项目反映农民合作社以各种方式对外投资所取得的收益。本项目应当根据"投资收益"科目的发生额分析填列，如为投资净损失，则以"—"号表示。

3. "经营支出" 该项目反映农民合作社为从事生产、销售、服务、劳务等经营活动发生的支出。本项目应当根据"经营支出"科目的发生额分析填列。

4. "管理费用" 该项目反映农民合作社为组织和管理生产经营服务活动而发生的费用。本项目应当根据"管理费用"科目的发生额分析填列。

5. "其他收入" 该项目反映农民合作社除经营收入和投资收益以外所取得的收入。本项目应当根据"其他收入"科目的发生额分析填列。

6. "其他支出" 该项目反映农民合作社发生的除经营支出和管理费用以外的支出。本项目应当根据"其他支出"科目的发生额分析填列。

7. "本年盈余" 该项目反映农民合作社本年取得的盈余总额。本项目应当根据"本年盈余"科目的余额填列，如为亏损，本项目数字以"—"号表示。

8. "年初未分配盈余" 该项目反映农民合作社上年度未分配的盈余。本项目应当根据上年度盈余及盈余分配表中的"年末未分配盈余"的数额填列。

9. "其他转入" 该项目反映农民合作社按规定用公积金弥补亏损等转入的数额。本项目应当根据实际转入的公积金数额填列。

10. "可分配盈余" 该项目反映农民合作社年末可供分配的盈余总额。本项目应当根据"本年盈余"项目、"年初未分配盈余"项目和"其他转入"项目的合计数填列。

11."提取盈余公积" 该项目反映农民合作社按规定提取的盈余公积数额。本项目应当根据实际提取的盈余公积数额填列。

12."盈余返还" 该项目反映农民合作社按交易量（额）应返还给成员的盈余。本项目应当根据"盈余分配"科目的发生额分析填列。

13."剩余盈余分配" 该项目反映农民合作社按规定应分配给成员的剩余可分配盈余。本项目应当根据"盈余分配"科目的发生额分析填列。

14."其他分配" 该项目反映农民合作社分配的盈余公积、盈余返还、剩余盈余分配以外的其他分配项目。本项目应当根据"盈余分配"科目的发生额分析填列。

15."年末未分配盈余" 该项目反映农民合作社年末累计未分配的盈余。如为未弥补的亏损，本项目数字以"—"号填列。本项目应当根据"可分配盈余"项目扣除各项分配数额的差额填列。

第四节 成员权益变动表

一、成员权益变动表的格式

成员权益变动表是专门用来反映农民合作社的成员在某一特定日期权益状况的会计报表。通过成员权益变动表可以准确掌握合作社的成员在一定会计期间的权益变动情况和在特定日期的权益总额及构成情况。正确编制成员权益变动表可以为合作社合理确定盈余分配方案提供基础数据。成员权益变动表主要内容包括股金、专项基金、资本公积、盈余公积和未分配盈余五项，其格式如表 6-3 所示。

表6-3　成员权益变动表

编制单位：　　　　　　　　　　　2016年12月31日　　　　　　　　单位：元

项目	股金	专项基金	资本公积	盈余公积	未分配盈余	合计
年初余额	500 000	80 000	20 000	100 000		700 000
本年增加数	100 000	120 000	30 000	20 000	130 000	400 000
	其中	其中	其中	其中		
	资本公积转赠	国家财政直接补助　120 000	股金溢价	从盈余中提取　20 000		
	盈余公积转赠	接受捐赠转入	资产评估增值　10 000			
	成员增加出资　100 000		成员出资　20 000			
本年减少数	10 000				100 000	110 000
					其中	
					按交易量（额）分配的盈余　70 000	
					剩余盈余分配　30 000	
年末余额	590 000	200 000	50 000	120 000	30 000	990 000

成员权益变动表编制说明

（1）本表反映农民合作社年度成员权益增减变动的情况。

（2）本表各项目应当根据"股金"、"专项基金"、"资本公积"、"盈余公积"、"盈余分配"、"剩余盈余分配"等科目的发生额分析填列。

（3）未分配盈余的本年增加数是指本年实现的盈余扣除当年盈余分配时提取的盈余公积后的数额（净损失以"－"号填列）。

二、成员权益变动表的编制方法

（一）年初数的填列方法

成员权益变动表中的"年初数"行内各项数字，应当根据上年末成员权益变动表中的"年末余额"行内所列数字填列。如果本年度成员权益变动表规定的各个项目名称和内容与上年不一致，应当对上年末成员权益变动表中各项目的名称和金额按照本年度的规定进行调整，将调整后的金额填入成员权益变动表的"年初数"行，并将调整情况以书面形式予以说明。

（二）本年增加数的填列方法

1. 本年股金增加数：根据"股金"账户的明细记载情况，分别填写资本公积转增的股金额、盈余公积转增的股金额和成员出资增加的股金额。

2. 本年专项基金增加数：根据"专项基金"的明细记载情况，分别填写国家及各级地方政府及相关部门新增扶持资金中用于形成财产部分的金额和接受捐赠的金额。

3. 本年资本公积增加数：根据"资本公积"明细账的记载情况，分别填写股金溢价、资产评估增值、成员及其他单位和个人投资金额填列。

4. 本年盈余公积增加数：根据当年盈余分配时提取的盈余

公积数额填列。

5. 本年未分配盈余增加数：根据当年实现的盈余扣除提取的盈余公积后的数字填列。

（三）本年减少数的填列方法

成员权益变动表中的本年数行应当根据"股金"、"专项基金"、"资本公积"、"盈余公积"账户的借方发生额合计填写。未分配盈余减少数应当根据"盈余分配——各项分配"明细账户的贷方发生额合计扣除当年提取的盈余公积后的金额填写，按交易量（额）分配的盈余和剩余盈余分配按当年"盈余分配——各项分配"明细账户中的"盈余返还"和"剩余盈余分配"数分别填写。

（四）年末余额的填列方法

成员权益变动表中的年末余额，应当根据成员权益变动表中股金、专项基金、资本公积、盈余公积、未分配盈余等项目的年初余额加上本年增加数减去本年减少数填列。

第五节　科目余额表

一、科目余额表的格式

科目汇总表是专门用来反映农民合作社在月末、季末或一定会计期间终了后各会计科目余额的会计报表。通过科目余额表不仅可以分析合作社的财务状况和收支情况，而且还可以用来检查和分析会计账目记录的准确性。合作社应在月末、季末或年末编制科目余额表。科目余额表的主要内容包括各会计账户的期初余额、本期发生额和期末余额三个部分，其格式如表6-4所示。

表 6-4　科目余额表

填表单位：　　　　　　　　　2017 年 1 月 31 日　　　　　　　单位：元

科目编号	科目名称	期初余额		本期发生额		期末余额	
		借方	贷方	借方	贷方	借方	贷方
101	库存现金	1 000		50 000	48 000	3 000	
102	银行存款	100 000		150 000	100 000	150 000	
113	应收款	10 000		60 000	50 000	20 000	
114	成员往来	50 000	60 000	30 000	40 000	10 000	30 000
121	产品物资	20 000			10 000	10 000	
124	委托加工物资						
125	委托代销商品						
127	委托代购商品	10 000		40 000	30 000	20 000	
128	受托代销商品						
131	对外投资	60 000				60 000	
141	牲畜（禽）资产						
142	林木资产	200 000				200 000	
151	固定资产	100 000		50 000		150 000	
152	累计折旧		10 000				10 000
153	在建工程	19 000		10 000		29 000	
154	固定资产清理						
161	无形资产						
201	短期借款		40 000	10 000	20 000		50 000
211	应付款		30 000	20 000	10 000		40 000
212	应付工资			5 000	9 000		4 000
221	应付盈余						
222	应付剩余盈余		20 000				20 000
231	长期借款		40 000	10 000			30 000
235	长期应付款		50 000	20 000			30 000

（续）

科目编号	科目名称	期初余额		本期发生额		期末余额	
		借方	贷方	借方	贷方	借方	贷方
301	股金		210 000		128 000		338 000
311	专项基金		80 000				80 000
321	资本公积		30 000				30 000
322	盈余公积						
331	本年盈余						
332	盈余分配						
401	生产成本			20 000	10 000	10 000	
501	经营收入				30 000		30 000
502	其他收入						
511	投资收益						
521	经营支出			15 000		15 000	
522	管理费用			10 000		10 000	
529	其他支出			5 000		5 000	
合计		570 000	570 000	505 000	505 000	692 000	692 000

二、科目余额表的编制方法

1. "科目编号"和"科目名称"及其排列顺序　应当根据《农民专业合作社财务会计制度（试行）》的规定对应排列。

2. "期初余额"　本列数字应当根据报表要求确定的起始时间点的总账各科目的余额数填列；"累计折旧"期初余额以"—"形式填列在"累计折旧"栏的"借方"；"成员往来"期末余额应当根据各明细账户的借方余额合计和贷方余额合计分别填列。

3. "本期发生额"　本列数字应当按照报表要求的起止点，根据总账账户各会计科目的借方发生额的汇总数、贷方发生额汇总数分别填列。

4. "期末余额" 本列数字应当按照报表对结账时间点的要求，根据总账账户中各会计科目的余额填列；"成员往来"科目的期末余额应当按照成员往来明细账的记录情况，分别汇总借方余额和贷方余额填列；"累计折旧"科目的期末余额以"－"列在"累计折旧"栏的"借方"。

三、科目余额表的平衡关系

填制科目余额表时应当保障以下平衡关系：·

1. 期初余额平衡公式

资产类科目的期初余额合计＋支出类科目的期初余额合计＝负债及所有者权益类科目的期初余额合计＋收入类科目的期初余额合计

2. 发生额平衡公式

资产类科目的本期发生额合计＋支出类科目的本期发生额合计＝负债及所有者权益类科目的本期发生额合计＋收入类科目的本期发生额合计

3. 期末余额平衡公式

资产类科目的期末余额合计＋支出类科目的期末余额合计＝负债及所有者权益类科目的期末余额合计＋收入类科目的期末余额合计。

第六节 收支明细表

一、收支明细表的格式

收支明细表是专门用来反映农民合作社一定时期内收入、支出情况的会计报表。通过收支明细表可以了解合作社在一定时期的收支状况和盈余分配情况，进而分析发现经营过程中的问题，为制定提高经济效益措施提供依据。收支明细表的主要内容包括各项收入与支出的明细情况，本表应当根据损益类账户及其所属明细账户的发生额和余额分析填列。收支明细表的格式如表 6-5 所示。

表 6-5　收支明细表

填报单位：　　　　　2016 年 12 月 31 日　　　　　　　　　单位：元

项目	行次	本期数	本年累计数	项目	行次	本期数	本年累计数
一、经营收入	1	141 000	460 000	一、经营支出	25	68 000	194 000
1. 农产品销售收入	2	60 000	250 000	1. 销售农产品成本费用	26	20 000	60 000
2. 物资销售收入	3	5 000	15 000	2. 销售物资成本费用	27	3 000	4 000
3. 委托代销商品收入	4	20 000	50 000	3. 经营租赁成本费用	28	7 000	15 000
4. 受托代购商品收入	5	8 000	20 000	4. 提供服务成本费用	29	2 000	5 000
5. 受托代销商品收入	6	7 000	15 000	5. 对外提供劳务成本费用	30		
6. 租赁收入	7	20 000	40 000	6. 产役畜饲养费用	31		
7. 服务收入	8	10 000	30 000	7. 经济林木管护费用	32	15 000	70 000
8. 劳务收入	9			8. 农业资产成本产品销售	33	6 000	8 000
9. 其他经营收入	10	11 000	40 000	9. 其他经营支出	34	15 000	32 000
二、其他收入	11	9 000	20 000	二、管理费用	35	40 000	148 000
1. 银行存款利息收入	12	1 000	3 000	1. 工资报酬	36	20 000	60 000
2. 罚款收入	13		1 000	2. 办公费	37	10 000	35 000
3. 违约金收入	14	2 000	2 000	3. 差旅费	38	5 000	8 000
4. 产品物资盘盈收入	15	1 000	1 000	4. 修理费	39	3 000	5 000
5. 其他收入	16	5 000	13 000	5. 折旧费	40		10 000
	17			6. 采暖费	41		
	18			7. 其他管理费	42	2 000	30 000
	19			三、其他支出	43	10 000	20 000
三、投资收益	20	20 000	30 000	1. 利息支出	44	2 000	4 000
1. 股票投资收益	21			2. 罚款支出	45		
2. 债券投资收益	22		10 000	3. 资产盘亏、毁损、报废	46		
3. 其他投资收益	23	20 000	20 000	4. 其他支出	47	8 000	16 000
收入合计	24	170 000	510 000	支出合计	48	118 000	362 000
收支差额					49	52 000	148 000

二、收支明细表的编制方法

1. **"经营收入"**　本项目应当根据"经营收入"总账账户及所属各明细账户的余额分析、计算填列。

2. **"其他收入"**　本项目应当根据"其他收入"总账账户及所属各明细账户的余额分析、计算填列。

3. **"投资收益"**　本项目应当根据"投资收益"总账账户及所属各明细账户的余额分析、计算填列，若为投资损失则以"－"表示。

4. **"经营支出"**　本项目应当根据"经营支出"总账账户及所属各明细账户的余额分析、计算填列。

5. **"管理费用"**　本项目应当根据"管理费用"总账账户及所属各明细账户的余额分析、计算填列。

6. **"其他支出"**　本项目应当根据"其他支出"总账账户及所属各明细账户的余额分析、计算填列。

7. **"收支差额"**　本项目应当根据各项收入之和与各项支出之和的差额填列，若支出大于收入则以"－"表示。

三、收支明细表的平衡关系

1. 经营收入为各经营项目收入之和，在表中可表示为：
$$1=2+3+4+5+6+7+8+9+10$$

2. 其他收入为各项其他收入之和，在表中可表示为：
$$11=12+13+14+15+16$$

3. 投资收益为各投资项目收益之和，在表中可表示为：
$$20=21+22+23$$

4. 收入合计为经营收入、其他收入与投资收益之和，在表中可表示为：
$$24=1+11+20$$

5. 经营支出为各经营项目成本费用之和，在表中表示为：

$$25＝26＋27＋28＋29＋30＋31＋32＋33＋34$$

6. 管理费用为各项管理费用之和，在表中可表示为：

$$35＝36＋37＋38＋39＋40＋41＋42$$

7. 其他支出为各项其他费用之和，在表中可表示为：

$$43＝44＋45＋46＋47$$

8. 支出合计为经营支出、管理费用与其他支出之和，在表中可表示为：

$$48＝25＋35＋43$$

9. 收支差额即本期盈余，为各项收入扣除各项支出后的差额，在表中可表示为：

$$49＝24－48$$

第七节　会计报表分析

一、会计报表分析的概念

会计报表分析简称财务分析，是通过对会计报表中有关资料的分析比较，反映农民合作社财务状况变动情况，从而对合作社的财务管理和经营活动情况进行全面分析和评价，总结经验，找出差距，查明原因，分析问题所在，提出改进措施。

二、会计报表分析的种类

对农民合作社会计报表分析的主要目的是衡量财务状况、评价经营业绩、预测发展趋势，分析的种类包括：

1. 按会计报表分析的主体可分为内部分析和外部分析　内部分析是由农民合作社内部管理人员对财务报表进行的分析，主要是通过对财务状况和经营情况进行分析评价，总结经验、找出差距、作出预测、提出措施、提高效益。外部分析是合作社外部单位根据自己的要求对财务报表所进行的分析，主要是通过分析了解合作社的财务情况、获利能力、发展趋势及偿债能力。

2. 按分析的对象可分为资产负债表分析和盈余及盈余分配表分析　资产负债表分析是以资产负债表为对象所进行的分析，分析的内容主要是农民合作社的资金流动状况、负债状况和周转状况。盈余及盈余分配表分析是以盈余分配表为对象所进行的分析，分析的内容主要是合作社的收益状况和经营成果。

3. 按分析的方法可分为比率分析、比较分析、趋势分析等　比率分析是把会计报表中的有关项目进行对比，用比率来反映它们之间的相互关系，以揭示农民合作社财务状况和经营业绩的一种分析方法。比较分析是同一合作社不同时期的各项指标或不同合作社的相同指标进行对比来揭示指标之间数量差异的一种分析方法。趋势分析是把同一个合作社连续数期的会计报表或比率进行对比，以揭示财务状况变动趋势的一种分析方法。

三、会计报表分析的方法

1. 比较分析法　比较分析法是通过各项指标的比较来揭示各项指标之间数量差异的一种分析方法。它的主要作用是可以了解农民合作社的经营业绩，找出差距，发现问题。主要方法有以下几种：

（1）绝对数字比较分析。主要是通过绝对数字的比较，可以了解有关会计项目的变动情况，评价其发展趋势。资产负债表比较，是将两期以上的绝对数字，予以并列，直接对比资产、负债及所有者权益每一项目的增减变化情况。盈余分配表比较，是将两期以上的盈余分配表的数字予以并列，对比每一项目的增减变化情况。

（2）百分比增减变动分析。主要是通过对比分析资产负债表和盈余分配表中每个项目占全部资产或占全部收入百分比的变动，来评价有关项目的变动情况。无论是哪种形式的比较，都应当注意所比较信息的可比性，力求使不同会计期间有关指标的计算口径、计价基础等保持一致。否则，比较的结果就反映不了实际情况。

2. 比率分析法 比率分析法是在同一张会计报表的不同项目之间，不同类别之间，或在两张不同会计报表的有关项目之间，通过计算比率来揭示它们之间的关系，以求发现和借以评价农民合作社的财务状况和经营活动中存在的问题。在具体运用比率分析法时，只有计算的比率项目之间确实存在着某种关系，才可以把互有联系的项目加以对比，使之形成新的会计信息。互有联系的项目，可以来自同一会计报表，也可以来自不同的会计报表。

3. 趋势分析法 趋势分析法是根据同一个农民合作社连续数期的会计报表，比较各期相同项目的金额，来分析各有关项目金额及百分比的增减变化及其趋向，以评价农民合作社的财务状况和发展趋势。趋势分析，可以比较同一项目连续数年的金额变化趋向，也可以某年的指标为基础，与不同年度的相同指标进行对比，分析评价百分比上升或下降的变动趋势。

四、资产负债表分析

通过资产负债表的分析可以了解资本结构的构成状况。资本结构是指农民合作社资产与所有者权益及负债的组成因素的比例关系。合作社的经济实力是否充实，财务状况是否稳定，很大程度上取决于合作社的资本结构。对合作社资本结构的分析，一般可从两个方面进行，即资本结构类别比率分析和资本结构项目比率分析。资本结构类别比率分析是对资产、负债和所有者权益之间的比例关系的分析。项目比率分析是对资产、负债和所有者权益中的各项目之间比例关系的分析。

1. 资本结构类别比率分析 资本结构类别比率分析，主要包括负债对总资产的比率分析、所有者权益对总资产的比率分析以及负债对所有者权益的比率分析。

（1）负债比率。负债比率是指农民合作社负债对资产总额的比率。它表明在合作社运用的全部资金中，有多少是由债权人提供的。对债权人来说，负债比率越低，表明所有者权益比率越高，债权的保障程度就越高，债权人承担的风险也就越小。反之负债比率越高，表明所有者权益比率越低，债权人就会承担较大的风险。一般情况下负债比率不应超过 50%。负债比率的计算公式为：

$$负债比率 = \frac{负债总额}{资产总额} \times 100\%$$

（2）所有者权益比率。所有者权益比率是指所有者权益总额与资产总额的比率。其计算公式为：

$$所有者权益比率 = \frac{所有者权益总额}{资产总额} \times 100\% = 1 - 负债比率$$

所有者权益比率表明投资者在农民合作社全部资产中所占的份额。这一比率越高，说明合作社的资本结构和投资者对合作社的控制权越稳固，而债权人的权益就越有保障。从资本结构的安全性考虑，所有者权益比率一般应高于 50%。

（3）负债与所有者权益比率。负债与所有者权益比率是指负债总额与所有者权益之间的比率，也称负债资本率。其计算公式为：

$$负债资本率 = \frac{负债总额}{所有者权益总额} \times 100\%$$

负债资本率表示负债占所有者权益总额的百分比，可以用来衡量对债权人权益的保障程度。负债资本率越低，表示对债权人利益的保障程度越高，资本结构越稳固；反之，比率越高，则表示债权人承担的风险越高，资本结构的安全性也越差。一般来说，负债资本率应小于 100%。

2. 资本结构项目比率分析 资本结构项目比率分析，就是将资产、负债及所有者权益各类别中所含的具体项目进行比较和分析，用以了解农民合作社的资本结构是否健全。

（1）流动资产比率。反映流动资产与资产总额的比例关系。其计算公式为：

$$流动资产比率=\frac{流动资产总额}{资产总额}\times100\%$$

流动资产比率越高，说明农民合作社在短期内可运用的资金占全部资产的比率越大，承担风险的能力越强。但从获利角度看，不利于提高资金利润率。具体分析时应当结合其他因素综合考虑。

（2）固定资产比率，指固定资产与资产总额的比率。其计算公式为：

$$固定资产比率=\frac{固定资产总额}{资产总额}\times100\%$$

固定资产代表农民合作社的经营规模和生产能力，但固定资产比率不宜过高，过高会带来固定费用加大，营运资金不足等问题，从而影响合作社的获利能力和资本结构的安全性。

（3）长期负债比率。指长期负债与资产总额的比例关系，反映长期负债占全部资产的比重。其计算公式如下：

$$长期负债比率=\frac{长期负债总额}{资产总额}\times100\%$$

一般来讲，长期负债比率越高，表面农民合作社在经营过程中依赖外来资金的程度越大，资本结构越不稳固；相反，比率越低，说明合作社在经营过程中依赖外来资金的程度越小，资金结构越稳固。

（4）流动资产与总负债比率。流动资产与总负债比率，是指流动资产与负债总额的比例关系，用来衡量一个农民合作社用全部资产偿还全部债务的能力。其计算公式为：

$$流动资产与总负债比率=\frac{流动资产总额}{负债总额}\times100\%$$

流动资产与总负债比率越高，说明农民合作社资本结构越稳固，偿债能力越强。

五、盈余及盈余分配表分析

通过盈余及盈余分配表分析，不仅可以对农民合作社的经营状况、获利能力进行评价，而且能够分析合作社盈余分配的去向和结构。

获利能力分析是通过一系列的指标，来总结、分析和评价合作社在生产经营过程中的获利水平，其主要指标包括：资本利润（盈余）率、经营收入利润（盈余）率、成本费用利润（盈余）率等。

1. 资本利润（盈余）率 资本利润率，是指盈余总额与资本总额的比例，是反映投资者投入的资本获利能力的指标。说明一定时期内，每一单位投入资本可获得的盈余，它反映了资本的获利水平。其计算公式为：

$$资本利润（盈余）率 = \frac{盈余总额}{资本金总额} \times 100\%$$

一般情况下，资本利润率越高越好，如果既高于同期银行利率，又高于资本成本率，说明其获利能力较强，对投资者是有利的；反之，投资者将蒙受损失。

2. 成本费用利润（盈余）率 成本费用利润（盈余）率，是指盈余总额与成本费用总额的比率，是每支出单位的成本费用所获得的利润，是反映成本费用利润水平的指标。其计算公式如下：

$$成本费用利润（盈余）率 = \frac{盈余总额}{成本费用总额} \times 100\%$$

提高成本费用利润（盈余）率，必须加强生产经营管理，努力降低成本，节约费用支出，增加收益。

六、成员权益变动表分析

通过成员收益变动表的分析，可以了解和掌握成员权益情况，公积金量化到成员份额的变动情况，国家财政直接扶持资金和农民合作社接受捐赠所形成的资产量化到成员的份额的变动情况以及盈余返还情况。对成员权益变动表的分析，可以采取比较分析和比率分析的方法。

1. 成员权益变动情况的分析 对成员权益变动情况的分析内容主要包括：分析农民合作社接受投资等原因增减资本公积、按规定计提盈余公积，合作社接受国家扶持资金以及捐赠资金形成的专项基金，是否按照规定的办法全部量化到成员名下；分析成员在入社或退社时是否能够按本社章程的规定或成员（成员代表）会议的决议进行。

2. 公积金量化情况的分析 对公积金量化情况分析的主要内容包括：分析农民合作社是否根据法律规定将资本公积和盈余公积及时量化到成员名下；分析合作社量化资本公积和盈余公积时，是否按成员投资额占总股金额的比例量化到其名下。

3. 扶持资金和捐赠资金量化情况的分析 对国家及各级地方财政对农民合作社的扶持资金所形成财产和合作社接受捐赠资金量化情况分析的主要内容包括：分析合作社接受各级财政扶持形成财产的资金和捐赠资金，是否反映在专项基金；分析合作社专项基金能否根据法律规定及时平均量化到每个成员名下。

4. 盈余返还情况的分析 对盈余返还情况分析的内容主要包括：分析农民合作社是否按法律规定的比例计提盈余返还，是否及时向成员返还盈余；分析合作社是否按成员的出资和量化到成员名下的公积金份额、财政补助资金与接受捐赠资金量化到成员的份额占合作社权益总额的比例分配剩余盈余。

<<< 后　记

　　为了更好地开展资产收益试点，切实提升农民合作社会计核算水平，规范农民合作社经营管理，笔者根据《农民专业合作社会计制度（试行）》的规定和实施资产收益扶贫的新要求，编写了《农民合作社会计核算实务》，作为资产收益扶贫工作和农民合作社规范化建设的培训资料，希望能够为农民合作社承担资产收益扶贫工作和规范农民合作社会计核算事项带来帮助。由于笔者对相关法规政策理解的不够深刻，书中难免存在错误之处，敬请各位同仁批评指正。

编　者

2017 年 4 月

图书在版编目（CIP）数据

农民合作社会计实务 / 山西省农业厅，山西省资产
收益扶贫领导小组办公室组编 . —北京：中国农业出版
社，2017.7（2019.7 重印）
ISBN 978-7-109-23077-4

Ⅰ.①农⋯　Ⅱ.①山⋯ ②山⋯　Ⅲ.①农业合作社－
会计实务－中国　Ⅳ.①F302.6

中国版本图书馆 CIP 数据核字（2017）第 144500 号

中国农业出版社出版
（北京市朝阳区麦子店街 18 号楼）
（邮政编码 100125）
责任编辑　闫保荣

北京万友印刷有限公司印刷　新华书店北京发行所发行
2017 年 7 月第 1 版　2019 年 7 月北京第 2 次印刷

开本：880mm×1230mm 1/32　印张：9.125
字数：250 千字
定价：40.00 元
（凡本版图书出现印刷、装订错误，请向出版社发行部调换）